FREIHEIT IST ZWECKLOS

ROMAN HERZOG **INSTITUT**

Vom Wert und vom Willen, frei zu sein

FREIHEIT IST ZWECKLOS

Randolf Rodenstock (Hrsg.)

ISBN 978-3-941036-46-8
Herausgeber:
ROMAN HERZOG INSTITUT e. V.

Kontakt:
Dr. Neşe Sevsay-Tegethoff
Geschäftsführerin
ROMAN HERZOG INSTITUT e. V.
Max-Joseph-Straße 5
80333 München
Telefon 089 551 78-732
Telefax 089 551 78-755
info@romanherzoginstitut.de
www.romanherzoginstitut.de

Redaktion/Lektorat: Dr. Benjamin Scharnagel, Alexander Weber, Thilo Großer, Martina Martschin, Dr. Neşe Sevsay-Tegethoff
Titelfoto, Foto Seite 2: ROMAN HERZOG INSTITUT e. V.
Produktion: Institut der deutschen Wirtschaft Köln Medien GmbH, Köln · Berlin

Diese Publikation ist beim Herausgeber kostenlos erhältlich und kann unter www.romanherzoginstitut.de bestellt werden.

Inhalt

Randolf Rodenstock

Vorwort

Was verstehen wir unter Freiheit? Möglichst wenig Bevormundung durch den Staat, gab jeder Zweite in einer Befragung des Instituts für Demoskopie Allensbach dazu an. Andererseits befürchtet die Hälfte der Bundesbürger, dass zu viele Menschen bei uns ihre Freiheitsspielräume missbrauchen. Jeder Dritte hielte es für besser, wenn es weniger Freiheit und dafür mehr Gerechtigkeit in der Gesellschaft geben würde. Die Freiheit hat es schwer in Deutschland. Im Werte-Ranking nimmt sie keine Spitzenposition ein. Viele wissen mit dem Begriff nur wenig anzufangen. Was ist Freiheit? Welchen Stellenwert hat sie für uns, in unserer Gesellschaft? Das Roman Herzog Institut hat sich mit dem vorliegenden Buch zum Ziel gesetzt, ein Stück Grundlagenforschung zu betreiben. Ausgehend von der bewusst provokant gewählten These „Freiheit ist zwecklos", soll an die Vorstellung von Freiheit als ein unbesetzter Raum angeknüpft werden: „Jedes Ding ist, was es ist. Freiheit ist Freiheit, nicht Gleichheit oder Fairness oder Gerechtigkeit oder Kultur oder menschliches Glück oder ein ruhiges Gewissen", schrieb der Philosoph Isaiah Berlin. Damit formulierte er vor über 50 Jahren, was das Wesen der Freiheit ausmacht: Freiheit ist Selbstzweck. Jeder ist so frei, sie auf seine Weise zu deuten, seine eigenen Werte und Interessen zu verfolgen – solange er dadurch nicht die Freiheit anderer einschränkt.

Doch dieser Blick auf die Freiheit scheint heute nicht mehr konsensfähig zu sein. Wir akzeptieren, dass die persönlichen Freiheiten zurückzutreten haben hinter dem Anspruch des Staates, unsere Belange zu regeln: durch Maßnahmen, die der inneren und äußeren Sicherheit, der Gesundheitsfürsorge, dem Umweltschutz oder der Solidargemeinschaft dienen. Darüber hinaus wird vielfach gefordert, der Staat möge die Märkte lenken, überschießenden Wettbewerb regulieren, Auswüchse im Finanz- und Bankenwesen beschneiden und für mehr sozialen Ausgleich sorgen. Wie weit aber darf er dabei gehen? Greift der Staat nicht durch solche Maßnahmen bereits ein in die Lebensführung und -planung der Einzelnen, in den Bereich ihrer persönlichen Freiheit?

Auf der anderen Seite entstehen immer mehr Freiräume – im wörtlichen Sinn. Wir profitieren von den Annehmlichkeiten eines vereinten Europas, das den Bürgern freien Waren-, Personen- und Kapitalverkehr ermöglicht. Die Ratifizierung des TTIP, obwohl umstritten, ist voraussichtlich nur noch eine Frage der Zeit. Auch dadurch sollen Handelshemmnisse abgebaut und im Bereich der Wirtschaft mehr Freiheit geschaffen werden. Die Verheißungen nahezu grenzenloser Freiheit ängstigen aber auch viele: Die Sorge geht um, dass dadurch ein „Race to the bottom" stattfindet, ein Abwärtswettlauf, bei dem Qualitäts-, Sozial- und Umweltstandards immer weiter abgesenkt werden und schließlich ganz auf der Strecke bleiben. Es ist also mehr nötig als nur der Wegfall von Regeln und Vorschriften, es braucht auch den verantwortungsvollen Umgang mit der neu gewonnenen Freiheit. Wozu befähigt sie uns? Was stellen wir mit ihr an?

Wir sind so frei ... Für die meisten Deutschen ist Freiheit eine selbstverständliche Erfahrung. 70 Jahre nach dem Ende des Zweiten Weltkriegs und der Befreiung von der nationalsozialistischen Herrschaft, ein Vierteljahrhundert nach der Wiedervereinigung Deutschlands, für die Tausende Mitbürger mit unbändigem Freiheitswillen auf die Straße gegangen sind, ist unsere Freiheit so umfassend wie nie zuvor. Wir leben in einem demokratischen Rechtsstaat, der die Grundlage für ein Leben in Freiheit stellt: Wir dürfen unzensiert unsere Meinung äußern, uns zu jeder beliebigen Religion bekennen, uns versammeln, demonstrieren, wofür oder wogegen uns gefällt. Dass wir heute europaweit nahezu ungehindert reisen können, betrachten wir als normal. Dabei zeigt die sprichwörtliche Reiselust der Deutschen beispielhaft, dass wir nicht nur in einem abstrakten Sinn von Freiheitsrechten profitieren, sondern dank wachsenden Wohlstands auch dazu in der Lage sind, eine Fülle von Freiheiten zu genießen. Wissen wir auch um den Wert dieser Freiheit?

Mit einem Schlag erwachte das öffentliche Interesse am Thema Freiheit, als Anfang 2015 islamistische Gewalttäter die Redaktion des französischen Satiremagazins „Charlie Hebdo" stürmten und zwölf Menschen kaltblütig töteten. Das Attentat zielte auf den verwundbaren Kern unseres Freiheitsverständnisses, die Meinungsfreiheit, und vermittelte die erschütternde Gewissheit: Freiheit ist niemals und nirgendwo selbstverständlich, sondern ein kostbares, gefährdetes Gut. Andererseits müssen wir bedenken: Worin besteht unsere Verantwortung im Umgang mit dieser Freiheit? Wo sind ihre Grenzen? Darf die Satire wirklich „alles", wie Kurt Tucholsky im Jahr 1919 geschrieben hat? Oder endet ihre Freiheit dort, wo religiöse Gefühle verletzt und Menschen wegen ihres Glaubens diffamiert werden? Das sind Fragen, die wir uns nach jenem grauen Januartag in Paris stellen müssen.

Freiheit, die wir nicht in Anspruch nehmen, droht unterzugehen. Heute wird von vielen Menschen beklagt, dass sie infolge des allseits zunehmenden Anpassungsdrucks gar nicht mehr in der Lage sind, wahre persönliche Freiheit erfahren zu können. Doch tragen wir nicht selbst täglich zu diesem Freiheitsverlust bei, indem wir auf der Suche nach Stabilität und Sicherheit gern die Verantwortung für unsere eigenen Entscheidungen abtreten? Wäre es nicht oft besser, Freiräume zu nutzen, statt Unabhängigkeit aufzugeben? Wo wir uns mehr und mehr dem lähmenden Konsens- und Konformitätszwang beugen, lautet die Frage nicht: Wie frei sind wir?, sondern: Wie frei wollen wir sein? Sind wir an Freiheit überhaupt interessiert?

Freiheit ist unteilbar. Solange sie nicht allen zukommt, ist sie nicht vollkommen. Derzeit erleben wir, wie sich vielerorts Ablehnung und Intoleranz, sogar Hass und Gewalt artikulieren, die sich gegen die Freiheit Andersdenkender oder Andersglaubender richten. Diese aktuellen politischen Entwicklungen haben das Thema Freiheit wieder in die öffentliche Diskussion gebracht. Sie vermitteln uns die erschütternde Gewissheit, dass Freiheit niemals und nirgendwo selbstverständlich ist, sondern ein kostbares, gefährdetes Gut. Kriegsschauplätze mitten in Europa und an vielen anderen Orten der Welt, erbitterte Kämpfe zwischen Menschen verschiedener Ethnien, Religionen oder Hautfarben führen uns drastisch vor Augen, dass Freiheit oft als Bedrohung aufgefasst oder ideologisch umgedeutet wird. Fragwürdige Feldzüge werden in ihrem Namen geführt: Nicht alle meinen das Gleiche, wenn sie von Freiheit sprechen.

Freiheit steckt voller Widersprüche und Mehrdeutigkeiten. Sie provoziert und polarisiert. Sie dient keinem übergeordneten Nutzen, verfolgt keinen vorgegebenen Zweck, ordnet sich keiner höheren Moral unter. Sie ist ihrem Wesen nach offen. Vor diesem Hintergrund scheint es mir wichtig und an der Zeit, über Freiheit nachzudenken, sie in einem umfassenden Sinn neu zu denken.

Das vorliegende Buch vereint Beiträge, die sich den grundlegenden Fragen im Zusammenhang mit Freiheit von unterschiedlichen Seiten annähern. Wie stehen wir zur Freiheit? Was sind die Wurzeln unseres Freiheitsbegriffs? Wo verorten wir Freiheit im Koordinatensystem von Selbstbestimmung und Selbstverantwortung? Welche Vorstellungen von Freiheit werden in der aktuellen Debatte sichtbar? Welchen Stellenwert hat Freiheit in unserer Wirtschaftsordnung? Dabei ist kein enzyklopädisches Werk entstanden, das Anspruch auf Vollständigkeit erheben könnte. Stattdessen haben wir uns gezielt mit einigen Facetten von Freiheit befasst – besonders mit solchen, die in den üblichen Schriften und Streitgesprächen zum Thema oftmals nur gestreift werden. Da das Querdenken dem Roman Herzog Institut am Herzen liegt, haben wir in dieser Publikation weniger Wert auf die vollständige Durchdringung des Themas gelegt als auf die interdisziplinäre Kombination von weniger beachteten Aspekten.

Das durchgängig hohe gedankliche Niveau der Beiträge mag den Leser gelegentlich strapazieren, sollte ihn aber nicht abschrecken. All jene, die eine intelligente Lektüre zu schätzen wissen, die Freude am verbalen Schlagabtausch haben, auch an der Auseinandersetzung mit provokanten Thesen, werden an dem Werk Gefallen finden und ihren ganz persönlichen Erkenntnisgewinn daraus ziehen. Mit vorgefertigten Schlussfolgerungen werden wir Sie nicht entlassen, wohl aber mit Denkanstößen. Denn das Thema Freiheit zwingt uns zum Nachdenken. Es betrifft uns alle in vielfältiger und ambivalenter Weise.

Momentan ist das „Abendland“ zum politischen Streitbegriff geworden. Die Frage, ob es einen verbindenden und verbindlichen Wertekanon für „uns“ Europäer gibt, wird aktuell viel diskutiert – leider mehr auf der Straße als in philosophischen Seminaren. Unser Autor **Rolf Gröschner**, Professor für Öffentliches Recht und Rechtsphilosophie an der Friedrich-Schiller-Universität Jena, legt offen, dass unsere heutigen Vorstellungen von politischer und persönlicher Freiheit in einer ideengeschichtlichen Tradition stehen, deren Wurzeln in die Antike zurückreichen. Er sieht den Wert der Freiheit in ihrer dialogischen Struktur: Nicht das eigene ICH, das heute so oft in den Vordergrund gestellt wird, ist dabei die zentrale Bezugsgröße, sondern das gemeinsame WIR, das aus der personalen Interaktion, im „Zwischen“ menschlicher Begegnungen, entsteht. Diese Wechselbeziehung hat eine zweifach freiheitsstiftende Wirkung, weil daraus nicht nur die persönliche Freiheit des Einzelnen erwächst, sein Leben nach dem eigenen Entwurf zu gestalten, sondern auch ein politischer Freiheitswille, der zu staatlichen und überstaatlichen Freiheitsfortschritten führt.

Eben jene „Entwurfskompetenz“ des Menschen als die Fähigkeit, ein selbstbestimmtes Leben zu führen und frei von Zweck und Zwang handeln zu können, wird jedoch von manchen Wissenschaftlern angezweifelt. Sind wir in unseren Entscheidungen so frei, wie wir scheinen und es gern von uns selbst behaupten? Oder ist unser Verhalten vorherbestimmt durch den Einfluss neuronaler Abläufe? Wäre dann aber nicht jede Diskussion über Freiheit hinfällig? Antworten aus Sicht der Neurowissenschaften präsentiert **Gerhard Roth**, Professor für Verhaltensphysiologie an der Universität Bremen. Seine These lautet: Unser vermeintlich freier Wille ist nur eine notwendige Fiktion. Wir fühlen uns frei, solange andere Verhaltensoptionen real existieren oder zumindest vorstellbar sind. Tatsächlich aber werden Entscheidungen durch komplexe Abläufe im Hirn bereits gefällt, bevor wir sie bewusst wahrnehmen. Seine Thesen stellen nicht nur unsere geläufigen Vorstellungen von Freiheit und Selbstverantwortung radikal infrage, sie sind auch in der Fachwelt umstritten.

In einer pointierten Erwiderung setzt sich **Reinhard Werth**, Professor am Institut für Soziale Pädiatrie und Jugendmedizin der Ludwig-Maximilians-Universität München, mit den Argumenten des Hirnforschers Gerhard Roth auseinander und argumentiert anhand eigener wissenschaftlicher Untersuchungen, dass der Mensch sehr wohl die Fähigkeit zu rationaler Selbststeuerung besitzt. Er ist nicht das willenlose Objekt neurobiologischer Prozesse, sondern durch ein System von Werten sowie durch Erfahrungen, Motive und Kosten-Nutzen-Abwägungen in der Lage, frei zu entscheiden und sein Verhalten im Sinne mentalistischer Voraussagen zu bestimmen. Neuronale Prozesse, die Willensentscheidungen begleiten, sind nicht ursächlich dafür verantwortlich zu machen.

Freiheit ist mehr als individuelle Willens- und Entscheidungsfreiheit, sie steht auch in einem gesamtgesellschaftlichen Kontext. Aus der Perspektive des Sozialwissenschaftlers beschreibt **Stefan Hradil**, Professor für Soziologie an der Johannes-Gutenberg-Universität Mainz, den Weg der politischen, geistigen und gesellschaftichen Modernisierung Europas seit der Aufklärung. Anhand der klassischen Unterscheidung zwischen negativer und positiver Freiheit führt er aus, wie im Verlauf des Modernisierungsprozesses immer mehr Freiheitshemmnisse beseitigt wurden, wodurch für den Einzelnen mehr Freiräume entstanden sind. Gleichzeitig unterzieht er die derzeitige gesellschaftliche Situation einer kritischen Bestandsaufnahme: Wo werden aktuell Bedrohungen für die Freiheit sichtbar? Wie kann es uns gelingen, aus der Fülle von Freiheiten jene Bezugspunkte für das eigene Handeln auszuwählen, die wertvolle Orientierung und damit Freiheit im Sinne von Souveränität und Identität vermitteln?

An der Freiheit des Einzelnen, seine eigenen Vorstellungen zu verwirklichen, richtet sich auch die Ökonomik aus. Sie zielt darauf ab, den Menschen sowohl als Gesellschaftsmitgliedern als auch als Marktteilnehmern mehr Wahl- und Handlungsmöglichkeiten zur Verfolgung ihrer jeweils eigenen Ziele zu erschließen und aufzuzeigen, wo und wie (Aus-)Tauschprozesse allseitige Besserstellungen ermöglichen. **Steffen J. Roth**, Geschäftsführer des Instituts für Wirtschaftspolitik an der Universität zu Köln, legt dar, wie Wettbewerbsmärkte gleichermaßen negative wie auch positive Freiheitsrechte gewährleisten. Trotz ihrer Komplexität verfügen freie Märkte über ein kreatives Potenzial zur Selbstregulierung, wodurch nicht nur die Marktergebnisse, sondern auch die institutionellen Rahmenbedingungen ständig den Erfordernissen angepasst und optimiert werden. Ein solcher Prozess ist nie planbar, sondern offen.

Der ungewisse Ausgang ist ein Wesensmerkmal der Freiheit – das gilt schließlich auch für jedes künstlerische Schaffen. Wir müssen Freiheit als einen Möglichkeitsraum denken, in dem der autonome Künstler in Abhängigkeit von bestimmten Variablen – wie Zufall oder seinem persönlichen Können oder auch Versagen – tätig wird. So verstanden ist die Freiheit der Kunst gleichsam als ein leeres Blatt aufzufassen. Wie das in einem ganz gegenständlichen Sinn funktioniert, zeigt uns die Künstlerin **Beate Engl** in ihrem Beitrag, der diesen Band auf interaktive Weise abschließt.

Was nach der intensiven und kontroversen Auseinandersetzung mit dem Thema Freiheit bleibt, ist der Blick auf einige wesentliche Aspekte, die sich leitmotivisch durch die unterschiedlichen Beiträge ziehen:

– **Freiheit verdient Wertschätzung.** Unser Handeln sollte nicht in erster Linie die Risiken der Freiheit im Blick haben, sondern den Respekt vor ihr. Dazu gehört, ihre Unwägbarkeiten auszuhalten – auch das, was uns an ihr ängstigt und verunsichert, was provoziert und irritiert.

– **Freiheit erfordert Mut – und ist eine Zumutung.** Wir müssen uns mehr darauf einlassen, den offenen Ausgang (etwa von politischen, gesellschaftlichen oder wirtschaftlichen Entwicklungen) zu akzeptieren. Das kann anstrengend sein, ist aber auch interessant und herausfordernd.

- **Freiheit zwingt uns dazu, wachsam zu sein.** Wo Freiheiten eingeschränkt werden, wo sie – wie wir es aktuell im Bereich der digitalen Medien erleben – stillschweigend und schleichend abgebaut werden, ist unsere Aufmerksamkeit gefragt.

- **Unser Freiheitsbegriff ist relativ.** Dass es eine Vielfalt von Vorstellungen über Freiheit gibt, ist ihr Wesensmerkmal. Wir besitzen nicht die Deutungshoheit über den Freiheitsbegriff und müssen ihn in der kritischen und diskursiven Auseinandersetzung mit anderen Auffassungen immer wieder aufs Neue infrage stellen, ihn verteidigen und schärfen.

- **Zur Freiheit gehört Verantwortung.** Denn Freiheit muss gestaltet werden und dieses Gestalten vollzieht sich im Miteinander – zwischen Menschen, Staaten, Generationen. Dadurch entsteht Vielfalt, wächst Vertrauen. Letztlich liegt darin keine Beschränkung, sondern eine Bereicherung der Freiheit.

Was nach der Lektüre auch bleibt, ist die Einsicht, dass wir noch am Anfang stehen. Es bedarf weiterer und weiterführender Diskussionen zu den zentralen Fragen, die das Thema Freiheit an uns stellt.

Prof. Randolf Rodenstock
Vorstandsvorsitzender
des Roman Herzog Instituts e. V.

Die Autoren

Beate Engl, geboren 1973 in Regen (Bayern), arbeitet als Bildende Künstlerin in München. Als „Artist in Residence“ war sie unter anderem in den USA, Indien, Südkorea und Uganda und erhielt 2012 den Bayerischen Kunstförderpreis sowie 2014 das Arbeitsstipendium der Stiftung Kunstfonds Bonn. Zuletzt wurden ihre Arbeiten in der Einzelausstellung „APPARAT“ (2014) im Badischen Kunstverein Karlsruhe präsentiert. Ihre künstlerische Praxis fokussiert auf ortsspezifische Installationen und institutionskritische Arbeiten. Ihre kritische Auseinandersetzung mit öffentlichem Raum, Propaganda und globalisiertem Kunstbetrieb thematisiert sie gleichermaßen in Installationen und Skulpturen wie durch Narration und Text.

Prof. Dr. **Rolf Gröschner**, geboren 1947 in Nürnberg, war bis zur Pensionierung im Jahr 2013 Inhaber des Lehrstuhls für Öffentliches Recht und Rechtsphilosophie an der Friedrich-Schiller-Universität Jena. Sein rechtsphilosophisches Forschungsinteresse gilt dem Verfassungsprinzip der Republik oder – mit dem deutschen Wort dafür – des Freistaates. Er ist Mitglied im Vorstand der Deutschen Sektion der Internationalen Vereinigung für Rechts- und Sozialphilosophie.

Prof. Dr. Dr. h. c. **Stefan Hradil**, geboren 1946 in Frankenthal, war Professor für Soziologie an der Johannes-Gutenberg-Universität Mainz und ist seit 2011 im Ruhestand. Soziale Milieus und Lebensstile, Singles, soziale Ungleichheit und die demografische und gesellschaftliche Zukunft Deutschlands sind Schwerpunkte seiner Forschung. Er ist Vorstandsvorsitzender der Schader-Stiftung „Sozialwissenschaften und Praxis“ sowie korrespondierendes Mitglied der Akademie der Wissenschaften und der Literatur in Mainz.

Prof. Dipl.-Phys. **Randolf Rodenstock** (MBA), geboren 1948 in München, leitete ab 1983 die Rodenstock-Unternehmensgruppe zunächst mit seinem Vater und übernahm 1990 die Geschäftsführung des Optik-Konzerns. Im Jahr 2003 wechselte der Geschäftsführende Gesellschafter der Optische Werke G. Rodenstock GmbH & Co. KG in den Aufsichtsrat der Rodenstock GmbH. Er ist Präsidiumsmitglied des Bundesverbands der Deutschen Industrie (BDI), Vizepräsident der Bundesvereinigung der Deutschen Arbeitgeberverbände (BDA) und Ehrenpräsident der vbw – Vereinigung der Bayerischen Wirtschaft. Randolf Rodenstock ist Vorstandsvorsitzender des Roman Herzog Instituts und Honorarprofessor an der Technischen Universität München.

Prof. Dr. Dr. **Gerhard Roth**, geboren 1942 in Marburg, ist seit 1976 Professor für Verhaltensphysiologie an der Universität Bremen und war bis 2008 als Direktor am dortigen Institut für Hirnforschung tätig. Außerdem war er Gründungsrektor des Hanse-Wissenschaftskollegs in Delmenhorst und Präsident der Studienstiftung des deutschen Volkes. Seit 2009 engagiert er sich als Koordinator des „European Campus of Excellence“. Zudem führt er die Geschäfte der „Roth GmbH – Applied Neuroscience“

mit Sitz in Bremen. Seine Forschungsschwerpunkte sind die Kognitiven Neurowissenschaften, die Persönlichkeitsforschung und die Neurophilosophie.

Dr. rer. pol. **Steffen J. Roth**, geboren 1970 in Ludwigshafen am Rhein, arbeitet als wissenschaftlicher Leiter und Geschäftsführer des Instituts für Wirtschaftspolitik an der Universität zu Köln und des Otto-Wolff-Instituts für Wirtschaftsordnung. Seine Forschungsschwerpunkte sind: ökonomische Ordnungs- und Systemtheorie, Umweltpolitik, Sozialpolitik, Arbeitsmarktpolitik und Wettbewerbspolitik. Besondere Aufmerksamkeit schenkt er der wechselseitigen Beeinflussung gesellschaftlicher Normen und institutioneller Anreizsysteme. Er hält sowohl Lehraufträge der juristischen als auch der wirtschafts- und sozialwissenschaftlichen Fakultät der Universität zu Köln.

Prof. Dr. med. habil. Dr. phil. habil. **Reinhard Werth**, geboren 1947 in Freiburg im Breisgau, habilitierte in Medizinischer Psychologie und Wissenschaftstheorie. Er war Professor für Medizinische Psychologie am Institut für Medizinische Psychologie und Leiter der Neuropsychologischen Abteilung am Institut für Soziale Pädiatrie und Jugendmedizin der Ludwig-Maximilians-Universität München und ist seit 2013 im Ruhestand. Seine Forschungsschwerpunkte sind die Diagnostik und Therapie zerebral bedingter Seh- und Aufmerksamkeitsstörungen, neurobiologische Grundlagen des Bewusstseins sowie wissenschaftstheoretische Grundlagen der Psychologie.

Warum Freiheit zwecklos ist: Über die Macht im WIR freiheitswilliger Bürger

Rolf Gröschner

1 Zwecklosigkeit der Freiheit als provokante These

1.1 Freiheit vom Zwang und Freiheit vom Zweck

„Freiheit ist zwecklos“ versteht sich als Buchtitel, der mit seiner zweideutigen Formulierung zunächst provozieren will. Er spielt mit dem Doppelsinn des Wortes „zwecklos“: Es kann nicht nur nutzlos oder ohne Erfolgsaussicht bedeuten – „Widerstand ist zwecklos“ –, sondern auch absichtslos oder ohne Zielvorgabe. Als philosophische These geht die Titelformulierung von der zweiten, weniger gebräuchlichen Wortverwendung aus. Sie folgt dem Sprachgebrauch des Philosophen und Soziologen Georg Simmel. In seinem späten, im Todesjahr 1918 erschienenen Werk „Lebensanschauung“ schreibt er, der Mensch habe als „unzweckmäßiges Wesen“ eine Existenzstufe erlangt, die über dem Zweck stehe: „Es ist sein eigentlicher Wert, daß er zwecklos handeln kann.“ Im Rahmen dieser lebensphilosophischen Wesens- und Wertbestimmung des Menschen gewinnt auch der Begriff der Freiheit eine andere Bedeutung als üblich: „Der Gegensatz zur Freiheit ist nicht der Zwang“, sondern „vielmehr die Zweckmäßigkeit“ (Simmel, 1922, 41 ff.).

Die Unterscheidung zwischen einer „Freiheit vom Zwang“ und einer „Freiheit vom Zweck“ wird in Kapitel 1 dieses Beitrags erläutert und in den beiden folgenden Kapiteln am Beispiel politischer und persönlicher Freiheit überprüft. Die politische, öffentliche oder institutionelle Freiheit ist Gegenstand des Kapitels 2; die persönliche, private oder individuelle Freiheit wird in Kapitel 3 behandelt. Auch wenn die letztgenannte Freiheit das heutige Denken dominiert, ist die Erfindung des Subjekts und seiner spezifischen Würde als freies oder selbstbestimmungsfähiges Wesen erst am Beginn der Neuzeit erfolgt (Kapitel 3.1). Die alten Griechen und Römer kannten zwar eine institutionelle Freiheit im öffentlichen Raum des Politischen, aber noch keine individuelle Freiheit in der privaten Sphäre des Persönlichen (Kapitel 2.1 und 2.2). Antike „Würde“ wurzelte nicht in der Freiheit des Einzelnen, sondern in der Ehre, die man durch Wahrnehmung eines Amtes – buchstäblich: eines Ehrenamtes – erwarb.

Die vorrangige Behandlung der politischen Freiheit hat aber nicht nur einen historischen, sondern auch einen systematischen Grund: Persönliche Freiheit im neuzeitlichen Sinne setzt jene freiheitliche Ordnung voraus, die von Aristoteles bis Hegel „politisch“ und von Cicero bis zum Grundgesetz (GG) „republikanisch“ genannt wurde. Seit der Weimarer Verfassung ist „freistaatlich“ im offiziellen Sprachgebrauch des Verfassungsrechts das deutsche Wort für „republikanisch“ (Kapitel 2.3). An diesem Sprachspiel, in dem „Freistaat“ der gute und schöne Ersatz des lateinischen Lehnwortes „Republik“ ist, beteiligen sich leider zu wenige Persönlichkeiten des öffentlichen Lebens in Deutschland. Besonders bedauerlich ist dies, weil auch die Bezeichnung Republik – ungeachtet des Umstands, Bestandteil des offiziellen Staatsnamens „Bundesrepublik Deutschland“ zu sein – in der öffentlichen Diskussion nur selten und philosophisch gehaltvoll so gut wie gar nicht gebraucht wird. Grund dafür ist die verbreitete Vorstellung, das republikanische Prinzip verbiete lediglich die Staatsform der Monarchie. Die folgenden Überlegungen werden verdeutlichen, wie viel diese Vorstellung dazu beiträgt, unter „Freiheit" nur die Freiheit vom Zwang zu verstehen, die ältere und anspruchsvollere Freiheit vom Zweck aber zu vergessen.

1.2 Zwecke und Mittel im herkömmlichen Handlungsverständnis

Georg Simmel (1922) darin zu folgen, „zwecklos handeln" zu können, bedeutet nicht, die heute herrschende Vorstellung „zweckrationalen Handelns" verabschieden zu müssen. Denn selbstverständlich leben wir in einer Gesellschaft, die Leistung und damit den rationalen Einsatz von Mitteln zur Erfüllung vorgegebener Zwecke verlangt. Unsere gesamte Wirtschaft funktioniert nach dem ökonomischen Prinzip, mit gegebenen Mitteln den größtmöglichen Ertrag oder einen angestrebten Ertrag mit dem geringstmöglichen Mitteleinsatz zu erwirtschaften. In beiden Spielarten, als „Maximalprinzip" auf den Ertrag und als „Minimalprinzip" auf den Mitteleinsatz bezogen, ist dieses Grundprinzip der Ökonomie ein teleologisches Prinzip: Es ist auf ein „telos" (einen Zweck) fixiert, für dessen Erfüllung bestimmte Mittel (wie die klassischen Produktionsfaktoren Boden, Arbeit und Kapital) zur Verfügung stehen.

Auf einen Zweck „fixiert" ist teleologisches Handeln ganz in dem Sinne, in dem der „Zweck" ursprünglich der Nagel gewesen ist, mit dem die Zielscheibe beim Armbrust- oder Büchsenschießen exakt in ihrem Zentrum befestigt wurde (Grimm/Grimm, 1954, 955 f.). Wer ins Schwarze traf, hatte damit zugleich den Nagel auf den Kopf getroffen. Abgesehen von ihrem sprachästhetischen Reiz bringt diese Wortherkunft – die in der „Reißzwecke" noch erkennbar ist – das Zweckhafte aller Teleologie bildhaft prägnant und begrifflich präzise zum Ausdruck: Der Zweck ist dem Handelnden vorgegeben und zu bestmöglicher Erfüllung aufgegeben. Wissenschaftstheoretisch formuliert, stellt das teleologische Prinzip daher eine lineare Zweck-Mittel-Relation dar, deren Kennzeichen ihr instrumenteller Charakter ist. Wie die Schützen ihre Armbrust oder Büchse, so setzen Unternehmer ihre unternehmensspezifischen Manövriermassen als Instrumente ein, um den vorgegebenen Zweck der Gewinnmaximierung möglichst erfolgreich zu erfüllen.

Der Grad der Zweckerfüllung liegt in dieser Grundrelation ausschließlich in der Hand des Handelnden und hängt nur von der Qualität des Instrumentariums und der Richtigkeit seines Einsatzes ab. Die Einseitigkeit dieser Relation ist unschwer zu erkennen: Es gibt nur einen handlungsfähigen Akteur, der sich allein auf den unabhängig von ihm existierenden Zweck und den richtigen Mitteleinsatz zu konzentrieren hat; eine wie auch immer geartete intersubjektive Wechselbeziehung besteht dabei nicht. Kurz: Es handelt sich um ein instrumentelles, nicht um ein interpersonales Verhältnis. Wissenschaftstheoretisch waltet dort die zweckrationale, nicht die kommunikative Vernunft (Habermas, 1982) oder wie hier gesagt werden soll: das teleologische, nicht das dialogische Prinzip (Gröschner, 2013). Beide Prinzipien müssen unterschieden, dürfen aber nicht voneinander getrennt und gegeneinander ausgespielt werden. Denn selbstverständlich steht nicht nur unser Wirtschaftssystem, sondern auch unser Privatleben unter dem Zwang, Zwecke zu verfolgen. Aber: Wir wirtschaften und leben mit Menschen, die von der Verfolgung unserer Zwecke und vom Einsatz unserer Mittel betroffen sind. Auf Dauer dürfte es unklug sein, sich darum nicht zu kümmern (wohlbegründete philosophische Kritik an der „Zweck-Mittel-Kategorie" im Bereich des Politischen bereits bei Arendt, 1960, 223 f.).

1.3 Herstellen und Handeln bei Aristoteles

Aristoteles (1979, VI, 5) unterscheidet zwei Gattungen des Tätigseins: die „praxis" des Handelns und die „poiesis" des Herstellens. Der nach teleologischem Prinzip bestimmte Zweck „poietischer" Tätigkeit ist die Herstellung eines Werkes, dessen Gelingen allein vom Können des herstellenden Technikers oder Künstlers abhängt. Die „techne" eines derartigen Könnens, die von handwerklichen Techniken bis zu schönen Künsten reicht, folgt der bereits bekannten Zweck-Mittel-Rationalität: Je gekonnter der Schuster seine Leisten handhabt, desto besser das hergestellte Schuh-Werk. Die Handlungszusammenhänge einer „praxis" folgen dagegen keiner technischen oder instrumentellen Rationalität. Vielmehr sind sie als Lebensvollzüge zu verstehen, denen ein äußerer Zweck gerade fehlt. Während der „poietisch" Tätige einzelne Werke nach den Kunstregeln seiner jeweiligen „techne" herstellt, handelt der „praktisch" Tätige in lebensweltlichen Situationen, die durch dialogische Auseinandersetzung mit Handlungsbetroffenen bestimmt sind. In solchen Situationen gibt es keine teleologischen Regeln für eine zweckbestimmte Werkausführung. An die Stelle solcher (kunst-) handwerklich zu erlernender und dann einfach anwendbarer Regeln tritt ein schwereres, nur durch eigene Erfahrung erwerbbares Kriterium – die Klugheit der „phronesis".

Bezieht man die Unterscheidung zwischen klugem Handeln und technischem Herstellen auf das Leben insgesamt und auf die philosophische Grundfrage seines Gelingens im Ganzen („eudaimonia", altertümlich Glückseligkeit), kommt man mit Aristoteles zu einem eindeutigen Ergebnis: „Eudämonie" ist dem Leben nicht als äußerer Zweck vorgegeben, sondern liegt als innere „Entelechie" im gelingenden Leben selbst (1979, I, 1; VI, 2), jedenfalls „für Männer mit einer hohen Gesinnung und von freier Art" (1991, VIII, 3; ohne inhaltliche Bestimmung des Gelingens: Horn/Rapp, 2008, 158; ohne Orientierung am bloßen Wohlleben: Fröhlich, 2013). Das Leben eines Sklaven wurde durch die Zwecke seines Herrn bestimmt; ein freier Mann dagegen hatte sein Leben selbst zu gestalten – entgegen einer philosophisch unreflektierten Redeweise aber nicht zu „meistern". Denn Meisterschaft wie auf den Gebieten der „poiesis" kann es in der Praxis des Lebens nicht geben (Luckner, 2005, 85).

Meister kann man nur in jenen Tätigkeiten des Herstellens werden, die in der erläuterten Ursprungsbedeutung des „Zwecks" als Zentrum der Zielscheibe teleologisch strukturiert sind. Anders als bei einem erfüllten Zweck spricht man bei einem gelungenen Leben nicht vom „Nutzen", sondern vom „Sinn". Zwecklosigkeit und Nutzlosigkeit der Freiheit sind demnach keineswegs gleichbedeutend mit ihrer Sinnlosigkeit. Im Gegenteil: In konsequenter Unterscheidung von Sinn und Zweck ist „Borstenvieh und Schweinespeck" vom „idealen Lebenszweck" der Operette („Der Zigeunerbaron") zum bloßen Berufszweck herabzustufen. Wer seinen Beruf aber nur zweckbestimmt betreibt und nicht auch als Teil gelingender Lebenspraxis, wird sein berufliches Glück nicht finden. Wer es dagegen fertig bringt, sich Sisyphos als glücklichen Menschen vorzustellen (Camus, 1959, 101), wird auch mit seiner eigenen Sisyphosarbeit leben lernen. Unabhängig davon sind aristotelisch gesonnene Frauen und Männer „von freier Art" nicht in Gefahr, Zwecke der Berufsausübung mit dem Sinn des Lebens zu verwechseln.

1.4 Aktualität der aristotelischen Unterscheidung

So alt die Einsicht des Aristoteles ist, ein gelingendes Leben nicht nach vorgegebenen Zwecken organisieren zu können, so sehr wird sie von „Glückstechniken" verdrängt, die in Ratgebern zur Selbstverwirklichung seltsame Blüten auf dem Buch- und Seminarmarkt treiben. In einer Philosophie, die vom Primat der Praxis ausgehend nach dem Gelingen des Lebens in einer mit anderen geteilten Alltagswelt fragt, ist sie nie vergessen worden. Im Gegenteil: Nach der „Rehabilitierung der praktischen Philosophie" in den 1970er Jahren (Riedel, 1972; 1974) ist sie im ersten Jahrzehnt dieses Jahrhunderts in einer Renaissance der Klugheitslehre erneut wiederentdeckt worden (Kersting, 2005). In drei Strömungen der Gegenwartsphilosophie ist sie so aktuell wie nie: im „dialogischen Konstruktivismus" (Lorenz, 2009), im „methodologischen Kulturalismus" (Janich, 1995) und in der Philosophie der „Lebenswelt" (Mittelstraß, 1991). Ungeachtet der Unterschiede in den Details geht es in diesen drei Strömungen um das eine, hier „lebensphilosophisch" genannte Prinzip: die Reflexion gelingender Praxis gemeinsamen Handelns in lebensweltlichen Zusammenhängen, die nicht teleologisch, sondern dialogisch strukturiert sind.

Mit einem von Martin Buber geborgten Begriff erfolgt die Rechtfertigung von Handlungen in solchen Zusammenhängen im „Zwischen" personaler Interaktion (Buber, 1962, 405 f.). Das substantivierte Verhältniswort Zwischen – das Hauptwort der Buberschen Dialogik – verdeutlicht sehr schön, worum es geht: um Handlungszusammenhänge, deren Struktur nicht in der Weise durch Beziehungs- und Bindungslosigkeit bestimmt wird, wie es die herkömmliche Vorstellung der „negativen Freiheit" als Freiheit von äußeren und inneren Zwängen verlangt. Wir sind nicht nur dann frei, wenn wir uns von solchen Zwängen befreit haben, sondern vor allem dann, wenn wir den Mithandelnden als Individuen „in der Rolle des Mitmenschen" begegnen können (Löwith, 1969): in Begegnungen zwischen Personen, die als Freiheitssubjekte verlangen, nicht instrumentalisiert zu werden. Mit Immanuel Kant kann man dies auch in der „Selbstzweck"-Formel des kategorischen Imperativs sagen: „Handle so, daß du die Menschheit sowohl in deiner Person, als in der Person eines jeden andern jederzeit zugleich als Zweck, niemals bloß als Mittel brauchest" (Kant, 2011, Grundlegung zur Metaphysik der Sitten, BA 67).

Seine Mitmenschen nicht „bloß als Mittel" zu gebrauchen, sie also nicht zu Objekten zu degradieren, sondern als selbstbestimmte Subjekte zu behandeln, ist ein Imperativ, der auch außerhalb des voraussetzungsvollen Systems der Kantschen Philosophie gut begründbar ist (zur Erfindung der Subjektivität im Denken der Renaissance vgl. Kapitel 3.1). In der aristotelischen Tradition der drei genannten Strömungen der Gegenwartsphilosophie ist der entscheidende Grund das Gelingen des Lebens in kulturellen Praxen, in denen Handlungen friedlich koordiniert werden müssen. Wer einigermaßen erwachsen ist, sollte aus Erfahrung wissen, wie man in Handlungszusammenhängen interagiert, an deren Gelingen man interessiert ist, weil man mit den handelnden Subjekten weiter in Frieden und Freiheit zusammenleben möchte.

Die Klugheit, die aus dem entsprechenden Erfahrungsschatz gespeist wird, gebietet, diese Handlungssubjekte besonders dann nicht als Mittel zum Zweck zu behandeln, wenn sie von Rechts wegen zur Befolgung von Anweisungen verpflichtet sind. So und nur so kann eine freiheitliche Kultur im Zwischen der Familien, der Gesellschaft und der Wirtschaft gedeihen. Freiheit ist in dieser Kultur kein Status, sondern eine Struktur (Rombach, 1987). Ihre Subjekte haben nicht die Stellung isolierter Individuen, die sich von allen Bindungen befreit haben; sie stehen durch ihre „Gemeinschaftsbezogenheit und Gemeinschaftsgebundenheit" (so sagt es das Bundesverfassungsgericht in ständiger Rechtsprechung) in Beziehungen, die außer Zweckverbänden auch Freiheitsverhältnisse ermöglichen. Freiheitsverhältnisse in der hier gemeinten lebensphilosophischen Bedeutung des Begriffs sind interpersonale Wechselbeziehungen, die durch gegenseitiges Zutrauen und Zumuten von Freiheit charakterisiert sind. Zugetraute Freiheit ist ein Geschenk, zugemutete Freiheit eine Last. Wenn der Ausgleich dieser Ambivalenz in einem nicht bezweckbaren Zwischen gelingt, entsteht ein freiheitliches „Wir". Als Leitwort der beiden folgenden Kapitel erhält es den durch Großbuchstaben hervorgehobenen und im Untertitel bereits ohne Anführungszeichen angekündigten Namen WIR.

2 Zwecklosigkeit politischer Freiheit

2.1 Griechischer Ursprung: Gemeinschaft der Freien

Um die philosophische Quelle menschlichen Gemeinschaftslebens in ihrer ursprünglichen Klarheit zu zitieren, sollte man das altgriechische Original bemühen. Dann darf man sich nicht mit der verbreiteten Behauptung begnügen, Aristoteles habe den Menschen als ein „staatenbildendes Wesen" bestimmt. Die Bestimmung als „physei politikon zoon" (Aristoteles, 1991, I, 2) – als von Natur politisches Wesen – bedeutet nämlich nicht, Staaten würden von Menschen gebildet wie Ameisenstaaten mit sprichwörtlich fleißigen Arbeitern. Im Zusammenhang der erläuterten Entelechie einer natürlichen inneren Anlage auf ein gutes Leben verweist „politikon zoon" vielmehr auf das Vorhandensein einer politischen Gemeinschaft (koinonia politike) als Grundbedingung für das Gelingen menschlicher Existenz.

Die aristotelische „polis" – die nicht mit dem „Staat" als neuzeitlichem Phänomen verwechselt und deshalb auch nicht so benannt werden sollte – ist die aus mehreren Gemeinschaften (Dienst-, Ehe-, Familien-, Haushalts- und Dorfgemeinschaften) bestehende „vollkommene" politische Gemeinschaft. Ohne sie könnte der Mensch seinen Logos – seine Sprache, seinen Verstand und seine Vernunft – weder je für sich erlernen noch in Interaktionen mit anderen entfalten. So verschieden die gesellschaftlichen Gegebenheiten der Gegenwart gegenüber der griechischen Antike sind, so vergleichbar ist die Frage nach den Entfaltungsbedingungen menschlicher Fähigkeiten: Sie waren und sind Bedingungen eines Lebens, das niemals einsam, sondern immer nur gemeinsam gelingen kann. Auf der Grundlage einer Sprachgemeinschaft erfüllten die fünf genannten Gemeinschaften modern gesprochen wesentliche Sozialisationsfunktionen. Man erwarb in ihnen soziale Kompetenzen, etwa: zu dienen und Verantwortung zu übernehmen, vorzusorgen und Ordnung zu halten, aber auch, kreativ zu sein und Feste zu feiern.

„Politisch" im engeren Sinne ist bei Aristoteles die Frage nach der besten Verfassung der „polis". Er nennt sie „politeia" und bestimmt sie als abwechselndes Regieren und Regiertwerden unter Freien und Gleichen. Als solche sind sie nicht Knechte despotischer Herrschaft (despotike arche), sondern Aktivbürger einer politischen Regierungsweise (politike arche). Dieser Gegensatz zwischen politischer Regierung und despotischer Herrschaft ist für die Ideengeschichte des Prinzips einer freiheitlichen Ordnung prägend geworden. Denn die richtige politische Ordnung verlangt nichts anderes als eine „Gemeinschaft freier Menschen" (Aristoteles, 1991, III, 6). Dass Frauen, Fremde und Sklaven davon ausgeschlossen waren, ist eine bedauerliche historische Tatsache, die das Prinzip politischer Freiheit jedoch nicht tangiert. Was Aristoteles buchstäblich im Prinzip – als Anfang eines Argumentationszusammenhangs in einem philosophischen System guter Gründe – bestimmt hat, ist der für das Gelingen des gemeinsamen Lebens in einer freiheitlichen Ordnung des Politischen konstitutive Verweisungszusammenhang zwischen den Teilen und dem Ganzen dieser Ordnung (Meier, 1995, 41): zwischen der „polis" und ihren „politai", der politischen Gemeinschaft und den politisch Freien, die auf diese Gemeinschaft angewiesen sind, ohne das Gelingen des Gemeinschaftslebens teleologisch bezwecken zu können.

Die aus diesem Grunde schon im Gelingenskriterium der „eudaimonia" angelegte Zwecklosigkeit des betreffenden Zusammenhangs wird durch den Begriff der „philia" verstärkt, mit dem Aristoteles (1979, VIII; IX) beschreibt, was die politische Gemeinschaft im Innersten zusammenhält. Die übliche Übersetzung mit „Freundschaft" verfehlt den Kern des Zusammenhalts. Der bekennende Aristoteliker Jean-Jacques

Rousseau hat ihm mit dem Wortkunstwerk „volonté générale" einen im Grunde unübersetzbaren und deshalb weltweit französisch zitierten Namen gegeben (vgl. Kapitel 2.4). Worauf es bei Bildung und Betätigung der „volonté générale" ankommt, ist das wechselseitige Zugeständnis, im selben Stand wie alle anderen frei Geborenen – also in einem politisch ausgezeichneten Sinne „ebenbürtig" – am öffentlichen Leben teilzunehmen (Buchheim, 2013, 17 f.). Solche Ebenbürtigkeit ist der Ursprung gleicher Freiheit im WIR einer politischen Gemeinschaft, die sich im alten Europa noch nicht als Nation konstituierte (zur postnationalen Konstellation vgl. Kapitel 3.3). Ihr Konstitutionsprinzip war die Einigkeit, nicht von Despoten beherrscht und nicht den Zwecken eines Einzelnen (tyrannis), einer Gruppe (oligarchia) oder der Masse (demokratia) unterworfen werden zu wollen (Aristoteles, 1991, III, 7 ff.).

2.2 Römische Tradition: Freiheit in der Republik

Am Anfang der „res publica Romana" steht ein revolutionärer Akt der Befreiung: von einem Regime, das die griechischen und lateinischen Quellen übereinstimmend als tyrannisch bezeichnen. Jochen Bleickens Standardlehrbuch zur Verfassung der Römischen Republik – ein zuverlässiger Wegweiser durch die sozialen und politischen Verhältnisse Roms in den 465 Jahren zwischen der Verbannung der Tarquinier im Jahre 509 vor der christlichen Zeitenwende und der Ermordung Caesars 44 v. Chr. – erläutert diesen Befund in bestechender Klarheit: Mit der Entlehnung des griechischen Wortes für den Tyrannen haben die Römer „das eigentliche Schreckbild" ihrer Herrschaftsvorstellung zum Ausdruck gebracht, das „im Bilde des tyrannischen Königs Tarquinius Superbus symbolisiert war" (Bleicken, 2008, 53). Mit „Schreckbild", „Bild" und „symbolisiert" betont der Historiker dreifach, nicht auf ein individuelles historisches Ereignis abzustellen, sondern auf den generellen Symbolgehalt der Superbus-Figur.

Wie nachhaltig die legendär gewordenen Gründungsgeschichten (zur Geschichte der Lucretia vgl. Fögen, 2003, 21 ff.) die Freiheitsvorstellungen und das republikanische WIR der Römer geprägt haben, erschließt sich aus den Gegenbegriffen der „res publica": „regnum" (Königsherrschaft), „tyrannis" (tyrannische Herrschaft) und „dominatio" (Herrschaft allgemein). Alle Rechtsprinzipien, die der Herrschaft Einzelner entgegenstanden, galten als freiheitlich (Bleicken, 2008, 216). An erster Stelle waren dies die Befristung öffentlicher Ämter auf ein Jahr („Annuität") und die Verteilung von Ämtern auf mehrere Personen („Kollegialität"). Die Jahresfrist dürfte die kleinste Einheit eines als naturgemäß empfundenen Zyklus gewesen sein, in dem effiziente Amtsausübung ebenso denkbar war wie wirksamer Ausschluss von Willkür- und Gewaltherrschaft. Durch die Verbindung der Annuität mit der Kollegialität des Amtes, die Mitte des vierten Jahrhunderts v. Chr. gesetzlich geregelt wurde, war die Römische Republik zwar nicht durch Gewaltenteilung, wohl aber durch Ämterteilung gekennzeichnet.

Mit ihrer freiheitsgewährleistenden Magistratsverfassung haben die Römer ein institutionalisiertes Ämterwesen geschaffen, das bis heute zu den „vordemokratischen Fundamenten des Verfassungsstaates" gehört (Isensee, 2014). Den Zusammenhang von Gemeinwohl und öffentlichem Amt versteht man im Prinzip republikanischer Freiheit am besten anhand der klassischen Unterscheidung zwischen öffentlichem und privatem Recht, ius publicum und ius privatum. Nach der in Juristenkreisen wohlbekannten Definition Ulpians zielte Ersteres auf den Status der Republik, Letzteres dagegen auf den Nutzen Einzelner (Corpus Iuris Civilis, 2013, Digesten 1, 1, 2). „Status" bezeichnet in dieser Definition nichts anderes als den guten Zustand oder die „gute innere und äußere Verfassung" des Gemeinwesens – so die treffende Formulierung Wolfgang Magers in seiner umfassenden Bearbeitung der Republik in den „Geschichtlichen Grundbegriffen" (Mager, 1984, 552). In aristotelischer Tradition kann ein solcher Verfassungszustand niemals der Zweck öffentlicher Freiheit sein, sehr wohl und stets jedoch ihr Sinn.

Ciceros Imperativ für die sinnvolle Orientierung der Republik am Gemeinwohl lautete „salus populi suprema lex esto": Das öffentliche Wohl sei oberstes Gesetz (Gröschner, 2004, 385 ff. mit eingehender Erörterung des zugrunde liegenden klassischen Mottos „res publica res populi"). Danach war das Amt des Magistrats „öffentlicher Dienst" im vollsten republikanischen Sinne des Wortes: ehrenamtlicher Einsatz für ein Wohl des Gemeinwesens, das für den Aristoteles-Kenner Cicero nicht-teleologisch strukturiert war. Der vom Volk für ein Jahr gewählte Amtswalter, der diese Aufgabe in kluger Praxis – zur Erinnerung: nicht durch technische „poiesis" – erfüllte, brachte es zu Anerkennung und Aufstieg im Amtsadel und als „senex" zum Senator, zur lebenslänglichen Mitgliedschaft im Senat als Versammlung der Alten. Das Charakteristikum der Volkswahl war so bestimmend, dass neben „magistratus" das Wort „honos" (Ehre) zur gebräuchlichen Bezeichnung für das Amt wurde, weil die Wahl in ein Amt die größte Ehre bedeutete.

Die Freiheitsvorstellung, die mit dem öffentlichen Dienst an der „res publica" verbunden war, wurde durch den gern gebrauchten Zusatz „libera" noch verstärkt. Bedeutete „res publica" aufgrund der legendären Verbannung des Tarquinius Superbus die generelle Ablehnung tyrannischer Herrschaft, so bestand die Bedeutung der „res publica libera" in der speziellen Ablehnung missbräuchlicher Ausnutzung der Amtsgewalt zu privaten Zwecken, persönlicher Bereicherung oder sonstigem individuellen Nutzen. Freiheit wurde in Rom nicht subjektivrechtlich gewährleistet, sondern durch die objektive Ordnung des Ämterwesens und die republikanischen Tugenden der Amtswalter (Henke, 1987, 870): „pietas" (innere Bescheidenheit), „virtus" (äußere Tüchtigkeit) und „iustitia" (Gerechtigkeit des Handelns). Pietas forderte nicht etwa Pietät nach dem Frömmigkeitsverständnis heutiger Religionsausübung, sondern verlangte Vertrauen auf göttliches Wohlwollen für tüchtige und gerechte Amtswalter – die römische Form des Glaubens an das Gelingen guter Praxis (durch Unterstützung guter Geister wie in der „eu-daimonia").

Wie nah verwandt unsere Philosophie einer freistaatlichen Verfassung mit Aristoteles' „politeia" und Ciceros „res publica" ist, zeigt sich nur, wenn wir uns vom neuzeitlichen Glanz persönlicher Freiheit nicht blenden lassen. Dann aber bleibt die Errungenschaft politischer oder republikanischer Freiheit der griechisch-römischen Antike sehr gut sichtbar: die selbstverständliche Teilnahme freier und gleicher Bürger am öffentlichen Leben und deren ebenso selbstverständlicher gemeinsamer Wille, sich nicht von Despoten beherrschen zu lassen – seien es Tyrannen und Oligarchen der Antike oder Diktatoren, Führer und Parteifunktionäre des 19. und 20. Jahrhunderts. Vor dem Horizont der Geschichte republikanischer Revolutionen, die im Jahre 509 v. Chr. beginnt, ist der unblutige Umsturz des Jahres 1989 in der DDR ein weltgeschichtliches Ereignis, das den Vergleich mit der Amerikanischen und der Französischen Revolution nicht zu scheuen braucht (Gröschner, 2009). „Wir sind das Volk“ war die Parole eines Freiheitswillens, dessen Erfolg ersehnt, aber nicht nach dem Modell instrumenteller Rationalität bezweckt werden konnte. Das WIR dieses politischen Willens hat die Mauer zu Fall gebracht und mit dem Mauerfall eine Macht entwickelt, die freiheitsphilosophisch gar nicht hoch genug geschätzt werden kann.

2.3 Deutsche Verfassungsgeschichte: Freistaatlichkeit

Für die hier verfolgte Absicht, den ersten deutschen Freistaat aus dem Geist seiner Gründung zu verstehen, ist der Eingangssatz der Weimarer Reichsverfassung (WRV) vom 11. August 1919 der alles entscheidende Satz: „Das Deutsche Reich ist eine Republik.“ Zwar ist nicht zu bestreiten, dass Gerhard Anschütz im Standardkommentar zur WRV den Sinn des Satzes auf die Verneinung der Monarchie verkürzt hat (Anschütz, 1987, 37). Unbestreitbar ist aber auch, dass es immer Gegenstimmen gegen diese Sinnverkürzung gab. Richard Thoma, prominentester Vertreter eines nicht auf die Negation der Monarchie reduzierten Republikverständnisses unter den Weimarer Staatsrechtslehrern, wollte den „positiven und ursprünglichen Sinn des Wortes“ zur Geltung bringen: Er begriff „den Staat als eine res publica“, ein „Gemeinwesen, an dem alle Bürger teilhaben“, die als „Glieder“ mit dem „Ganzen“ verbunden sind (Anschütz/Thoma, 1930, 186, in aristotelischer Tradition des betreffenden Verweisungszusammenhangs; vgl. Kapitel 2.1).

Der beste Zeuge für die Behauptung, dass ein verkürztes, nur die monarchische Staatsform verneinendes Republikverständnis der Bedeutung des Grundprinzips der WRV nicht gerecht wird, ist der Vater der Verfassung. Hugo Preuß, von dem Idee, Konzeption und Entwurf des Verfassungstextes stammten, schreibt in seiner Monographie „Deutschlands Republikanische Reichsverfassung“: „Daß nach den November-Ereignissen nur eine rein demokratische Republik möglich war, liegt auf der Hand. Die länger als sonstwo in kritikloser Gewöhnung aufrecht gebliebene Herrschaft des Gottesgnadentums, des Königtums aus eigenem Recht, und mit ihm die obrigkeitliche Staatsstruktur von oben nach unten war zusammengebrochen“ (Preuß, 1923, 62).

Das prägnante Bild des Zusammenbruchs wird durch die beiden präzisen Begriffe bereichert, die Preuß zur Erklärung der Ursachen verwendet: „Gottesgnadentum“ als Rechtfertigungsmuster einer Herrschaft aus königlichem Eigenrecht und „obrigkeitiche Staatsstruktur“ als Organisationsmodell eines subordinationsrechtlichen Staat-Bürger-Verhältnisses. Das revolutionäre Ereignis wird nicht in der äußeren Veränderung der Staatsform gesehen, sondern im Umsturz der beiden tragenden Prinzipien der Monarchie: ihres Legitimations- und ihres Strukturprinzips. Während das Strukturprinzip der vorrevolutionären Verfassung die prinzipielle Unterordnung bürgerlicher Rechte unter obrigkeitsstaatliche Befugnisse erforderte, gebietet das Strukturprinzip der Republik die generelle Gleichordnung der Rechte- und Pflichtenpositionen in den Rechtsverhältnissen zwischen Staat und Bürger. Diese Struktur der Republik als Rechtsverhältnisordnung wäre ein Thema für sich (Gröschner, 2013, 287 ff.). In der vorliegenden Themenstellung geht es um das republikanische Prinzip als Legitimationsprinzip einer politischen Ordnung, die auf dem freien Willen ihrer Bürger beruht.

In der Rede Friedrich Eberts, mit der die Weimarer Nationalversammlung am 6. Februar 1919 eröffnet wurde, heißt es: „Mit den alten Königen und Fürsten von Gottes Gnaden ist es für immer vorbei“ (Verfassunggebende Nationalversammlung, 1920, 1). Im Kern war es nicht der Kaiser, der abgedankt hatte, sondern – so Eberts Pointe – der „Kaiserismus“. Beim Präsidenten der Nationalversammlung Eduard David hörte es sich ebenso pointiert, aber etwas poetischer an: „Verschwunden ist der Vormund aus ererbtem Recht“ (Verfassunggebende Nationalversammlung, 1920, 4). An die Stelle einer entmündigenden Herrschaft aus vormundschaftlichem Recht und ihrer Begründung mit Gottesgnadentum und Erbdynastie war die Gründung eines Freistaates durch die verfassunggebende Gewalt einer Nationalversammlung getreten. Friedrich Ebert war sich dieses revolutionären Wechsels der Legitimationsgrundlagen vom Kaiserismus zum Republikanismus sehr wohl bewusst, als er die Präsidentschaft bei seiner Amtsübernahme am 11. Februar 1919 „das höchste Amt des deutschen Freistaates“ nannte (Huber, 1992, 80).

Der synonyme Gebrauch von „Freistaat“ und „Republik“ ist durch Art. 17 WRV rechtlich verbindlich geworden, der für jedes Land der föderalistischen Republik eine „freistaatliche Verfassung“ vorschrieb. Nichts anderes ordnet Art. 28 Abs. 1 GG mit der Verpflichtung der Länder auf eine „republikanische Ordnung“ an. Sowohl die Väter der WRV als auch die Eltern des Grundgesetzes – darunter vier Mütter – waren geistvoll genug, um die Freistaatlichkeit ihrer Republik nicht in einem formalen Verständnis von „Nicht-Monarchie“ verkümmern zu lassen. Zwei prominente Positionsbestimmungen aus dem Parlamentarischen Rat mögen dafür genügen (weitere Nachweise bei Gröschner, 2004, 370 f.). Carlo Schmid betonte, im Staatsnamen „Bundesrepublik Deutschland“ komme die Schaffung eines „Gemeinwesens bundesstaatlichen Charakters“ zum Ausdruck, „dessen Wesensgehalt das demokratische und soziale Pathos der republikanischen Tradition bestimmt“ (Schmid, 1951, 20). Und Theodor Heuss hielt „den Begriff ‚Republik‘ im Hinblick auf seine inhaltliche Erfülltheit für unerläßlich“ (Heuss, 1993, 281).

Dieser Inhalt und jenes Pathos der republikanischen Tradition ergeben sich aus nichts anderem als der alteuropäischen Ideengeschichte der griechischen „politeia“ und der römischen „res publica“. Namentlich in den philosophisch durchdachten Konzeptionen gelingender politischer Praxis bei Aristoteles (vgl. Kapitel 2.1) und gemeinwohlorientierter Amtsführung bei Cicero (vgl. Kapitel 2.2) kommt ein Freiheitsbegriff zur Geltung, der das Gelingen des gemeinsamen Lebens in einer freiheitlichen – oder wie man seit 1919 sagen kann und sollte – freistaatlichen Verfassung nicht mit einem teleologischen Modell instrumenteller Zweck-Mittel-Rationalität zu erfassen versucht, sondern nach dem Kriterium klugen Handelns im Raum des Politischen.

Bevor diese Ideengeschichte in den Freiheitsbegriffen der europäischen Aufklärung bei Rousseau, Kant und Hegel zu Ende gedacht wird (vgl. Kapitel 2.4), kann das Prinzip der Freistaatlichkeit wie folgt bestimmt werden: Republik oder Freistaat bezeichnet eine politische Ordnung, die durch Freiheit legitimiert, am Gemeinwohl orientiert und in Ämtern organisiert ist. Freiheitsfundiert, verbietet sie jede Herrschaft aus höherem Recht, das heißt jede Herleitung staatlicher Autorität aus Ideologien wie Gottesgnadentum, Erbdynastie, Führertum und Einheitspartei. Gemeinwohlorientiert, dient eine freistaatliche Ordnung nicht Einzel- oder Gruppeninteressen und entsprechend partikularen Zwecken, sondern deren Ausgleich im Hinblick auf das Gesamtinteresse des Gemeinwesens (das, um es wohlbedacht zu wiederholen, nicht „angezweckt“ werden kann wie eine Zielscheibe). In Ämtern organisiert ist sie, damit das Gemeinwohl durch Amtswalter konkretisiert werden kann, die in gesetzlich geregelten Amtsrechtsverhältnissen staatliche Aufgaben gegenüber der Allgemeinheit erfüllen. Dabei wird „öffentlicher Dienst“ in der republikanischen Bedeutung des Begriffs geleistet: an der „res publica“, einer Sache (res), die als allgemeine Angelegenheit per definitionem öffentlich (publica) ist, weil sie alle angeht (Gröschner, 2006, 2041). „Alle“ sind diejenigen, die den freien Willen zur Gestaltung des gemeinsamen öffentlichen Lebens bewahrt oder wiedergewonnen haben und ihre politische Freiheit nicht auf die Erfüllung parteipolitischer Zwecke reduzieren, sondern in einem je und je entstehenden WIR – auch außerhalb der etablierten demokratischen Verfahren – artikulieren. Grammatikalisch ein Neutrum, schließt „das“ WIR freiheitswillige Bürgerinnen und Bürger gleichermaßen ein. Das politische Potential seiner Macht nicht zu unterschätzen, sollte ein republikanisches Grundanliegen aller Freiheitswilligen sein.

2.4 Ideengeschichtliche Perspektiven: geliebte, gedachte und gelebte Freiheit

„Les citoyens font la cité“ lautet der Leitspruch, mit dem der bekennende Aristoteliker Jean-Jacques Rousseau den aristotelischen Verweisungszusammenhang zwischen der „polis“ und ihren „politai“ (vgl. Kapitel 2.1) in seine republikanische Freiheitsphilosophie übersetzt hat. Da ihr Begriff der Freiheit anspruchsvoller ist als der Freiheitsbegriff jeder anderen politischen Philosophie (Kersting, 2002, 49), sollte man ihn in guter hermeneutischer Tradition von der zugrunde liegenden Fragestellung her verstehen: eine Form des Zusammenschlusses zu finden, in der „jeder, indem er sich mit allen vereinigt, nur sich selbst gehorcht und genauso frei bleibt wie zuvor" (Rousseau, 2010, I, 6). Der damit angesprochene Citoyen ist nicht der auf sein individuelles Interesse abzielende und seine höchstpersönliche Freiheit bezweckende private Bourgeois, sondern der am generellen Freiheitsinteresse orientierte politische Aktivbürger. Im gemeinsamen Bestreben, eine allgemeine, für alle geltende Freiheitsordnung zu etablieren, bringt er, durch einen fingierten Vertrag vereinigt mit allen anderen, die legitimatorische Einheit seines Volkes und mit ihr die „Cité" hervor – Rousseaus Oberbegriff für die griechische „polis", die lateinische „res publica" und die französische „république".

Was hier zunächst unspezifisch als „gemeinsames Bestreben" bezeichnet wurde, hat Rousseau mit einem von ihm geschaffenen Wortkunstwerk „volonté générale" genannt. Die Übersetzung mit „Allgemeinwille" entspricht allenfalls dem Wort, verfehlt aber die kunstvolle staatsphilosophische Konstruktion eines spezifisch republikanischen Freiheitswillens und die Konstitution des ihm zugrunde liegenden WIR. Denn dieses WIR bringt nicht etwa das Ergebnis einer „aggregation" persönlicher Freiheitsvorstellungen zum Ausdruck, sondern den Lebenswillen einer „association", die mehr ist als die Summe ihrer Teile: Als Gedankending (être de raison) einer freiwillig eingegangenen politischen Institution wird sie vom Willen zur Erhaltung der Freiheit aller assoziierten Mitglieder und zur Orientierung an ihrer aller Wohl getragen (Fetscher, 2011, 1142). Für die Trägerschaft dieses institutionalisierten Freiheitswillens der Republik ist jener Verweisungszusammenhang konstitutiv, der zwischen der Cité und ihren Citoyens, der Republik und ihren Republikanern besteht.

Als aristotelischer Zusammenhang des Ganzen mit seinen Teilen begründet er eine Wechselwirkung zwischen freien Bürgern und ihrem Staat, den sie mit ihrem Freiheitswillen tragen. Im Rückblick auf die Montagsdemonstrationen des Jahres 1989 in der DDR ist es dann weit mehr als ein Wortspiel zu sagen: Freie Bürger tragen ihren Staat nur, solange sie ihn ertragen. „Ertragen" ist dabei in einem weiten Sinne zu verstehen: als Grundhaltung politisch interessierter Bürger, für die das Verhältnis zu ihrem Staat nicht nur eine Angelegenheit des theoretischen Verstandes und der praktischen Vernunft ist, sondern immer auch eine Herzensangelegenheit. Im Unterschied zum Verstandesrepublikaner Kant und zum Vernunftrepublikaner Hegel war Rousseau – der von beiden verehrte Vordenker in Fragen republikanischer Freiheit – Herzensrepublikaner. Die beiden größten Freiheitsdenker des deutschen Idealismus wären Rousseau nicht gefolgt, wenn dieser – wie bisweilen ohne Rücksicht auf Rousseaus Republikanismus behauptet wird – den totalitären Staat propagiert hätte (Gröschner et al., 2000, 200 ff.).

Zum wichtigsten Gesetz der Republik, in dem ihre wahre Verfassung (la véritable constitution) liege, schreibt er, dieses veritable Verfassungsgesetz werde in die Herzen der Bürger geschrieben, erhalte ein Volk im Geiste seiner Errichtung und setze unmerklich die Macht der Gewohnheit an die Stelle staatlicher Autorität (Rousseau, 2010, II, 12). In deutscher Republiktradition hat hieran namentlich Hermann Heller angeknüpft. Folgt man seiner strikten Unterscheidung zwischen dem Staat als Subjekt und dem Volk als Träger der Souveränität, wird der Staat als organisierte Entscheidungs- und Wirkungseinheit getragen von einer „Willensgemeinschaft", in derer Wirkungsmacht sich die organisationssoziologisch rekonstruierte „volonté générale" wiederfindet. Sie beruht auf dem durch Generationen entwickelten „habituellen Zustand eines mehr oder minder klaren und festen Wir-Bewußtseins" (Heller, 1983, 266) In der Freiheitstradition Rousseaus darf dieses WIR gut und gern ein mächtiges WIR genannt werden.

Mit dem legendären Bekenntnis, Rousseau habe ihn „zurechtgebracht", übernimmt Kant die Grundkonzeption der Freiheit als Gehorsam gegenüber dem selbstgegebenen Gesetz (Rousseau, 2010, I, 8). An die Stelle des Citoyen, der den fingierten staatskonstituierenden Vertrag im republikanischen Interesse an der Freiheit Aller schließt, tritt die moralische Persönlichkeit (zur Großschreibung der Freiheit „Aller" vgl. Kapitel 3.3). „Moralisch" ist sie nicht als empirischer, von sinnlichen Neigungen und Antrieben motivierter Mensch (homo phaenomenon), sondern als apriorisches, das heißt aller Erfahrung vorausliegendes Subjekt der Sittlichkeit (homo noumenon) unter der „regulativen Idee" der Freiheit als Bedingung der Möglichkeit moralischer Selbstgesetzgebung oder Autonomie (Kant, 2011, Grundlegung zur Metaphysik der Sitten, 2. Abschnitt). Die Unterscheidung zwischen der empirischen und der nicht-empirischen, „rein" philosophischen oder transzendentalen Dimension des Menschseins ist in keinem anderen System der Philosophie so kategorial wie im kantischen. Deshalb müssen auch die beiden Freiheitsdimensionen strikt auseinandergehalten werden: „Innere Freiheit" ist das einzige „angeborne", dem noumenalen Menschen kraft seiner Menschheit zustehende Recht im Singular, während „die Rechte" im Plural solche des phänomenalen Menschen in den „äußeren" Freiheitsverhältnissen des Rechts sind (Kant, 2011, Metaphysik der Sitten, Einleitung in die Rechtslehre).

Diesem Dualismus innerer Moralität einerseits und äußerer Legalität andererseits setzt Hegel eine Dialektik entgegen, in der die Sozialität des Menschen konstitutiv für die „Wirklichkeit der konkreten Freiheit" im Staat wird (Hegel, 1986, Grundlinien der Philosophie des Rechts, § 260). „Konkret" wird die Freiheit, indem die bei Kant selbständigen Elemente der Legalität und der Moralität zu „Momenten" des Freiheitsbegriffs werden: zu nicht isolierbaren Eigenheiten eines dialektischen Ganzen. Es umgreift sowohl das äußere, „abstrakte" Recht als auch die innere, „subjektive" Moralität, hebt die beiden Momente aber im Prinzip der objektiven, in den Institutionen des „sittlichen Staates" verwirklichten und in ihrer Allgemeinheit gewollten Freiheit auf. Die für diese dialektische „Aufhebung" (Überwindung, Aufbewahrung und Erhöhung) der Gegensätze erforderliche „politische Gesinnung" und das „zur Gewohnheit gewordene Wollen", Freiheit als „Resultat der im Staate bestehenden Institutionen" zu verwirklichen (Hegel, 1986, Grundlinien der Philosophie des Rechts, § 268), weisen Hegels Freiheitsphilosophie als Fortschreibung der Republiklehre Rousseaus aus; nichts anderes gilt für die Rede vom „politischen Staat" als „Einheit der sich wollenden und wissenden

Freiheit" (Hegel, 1986, Grundlinien der Philosophie des Rechts, § 267, Zusatz). Diese Einheit ist als Ergebnis eines gelingenden WIR nicht teleologisch, sondern dialogisch strukturiert.

Verstandes-, Vernunft- und Herzensrepublikanismus sind drei Modalitäten politischer Freiheit: gedachte, gelebte und geliebte Freiheit. Die hier vorgestellten Konzeptionen stimmen bei aller Verschiedenheit der philosophischen Systeme, in denen sie entwickelt wurden, in einer „zwecklosen" Bestimmung ihres Freiheitsbegriffs überein: Rousseaus „volonté générale" ist als Freiheitswille der Republik nicht der anzustrebende Zweck, sondern der tragende Grund einer Gemeinschaft von Republikanern. Deshalb darf dieser Begriff nicht den Republikanern jenseits des Atlantiks oder gar der betreffenden Splitterpartei in Deutschland überlassen werden. Vielmehr sollte sich in öffentlicher und veröffentlichter Meinung die Einsicht durchsetzen, dass die Parole „Wir sind das Volk" nicht nur in Revolutionszeiten gilt, sondern auch im Alltag eines Freistaates, der diesen philosophischen Ehrennamen verdient.

WIR sind es auch in Kants Konzeption der Autonomie oder Selbstgesetzgebung moralischer Persönlichkeiten, die unseren freien Staat nach unserem gemeinsamen Freiheitswillen politisch gestalten. Und auch Hegels „politischer Staat" geht in ausdrücklicher Anknüpfung an die „Natur der griechischen Sittlichkeit" (Hegel, 1986, Grundlinien der Philosophie des Rechts, Vorwort) von Bürgern aus, die das Politische aus gelebter Gewohnheit als ihre gemeinsame Angelegenheit behandeln, nicht dagegen, weil sie persönliche Vorteile bezwecken. „Wählen gehen" hat nicht die Struktur eines zweckrationalen Kalküls, sondern eines selbstverständlichen WIR von Wählern, die wenigstens am Wahltag im Kollektivsingular eines „Volkes" verbunden sind, ohne dafür etwas anderes voraussetzen zu müssen als die Freiheit, von ihrem Wahlrecht Gebrauch zu machen. Ein Blick auf die stetig sinkende Wahlbeteiligung zeigt schlaglichtartig, wie weit wir von solch guten Gewohnheiten gelingender politischer Praxis entfernt sind und wie wenig wir die Freiheit der Wahl – die in despotischen Regimen verpönt ist – zu schätzen wissen.

3 Zwecklosigkeit persönlicher Freiheit

3.1 Erfindung der Subjektivität im Humanismus der italienischen Renaissance

So problematisch „die Neuzeit" als Epochenbezeichnung sein mag, so sicher beginnt die neuzeitliche Ideengeschichte der Menschenwürde im Humanismus der italienischen Renaissance (Gröschner et al., 2008). Trotz aller Variationsbreite der Positionen, die im Philosophieren dieser Zeit vertreten wurden, ist eine Leitidee identifizierbar, die das Freiheitsverständnis der Renaissancehumanisten auf den Begriff bringt:

die Idee der Subjektivität. Nicht in renaissancetypischer Weise wiedergeboren, wurde sie nach Art eines ingeniösen Einfalls (ingenium) in einem philosophischen Geniestreich erfunden. Denn die Stellung des Menschen in der Welt war zu keiner Zeit vorher in so prinzipieller Weise als Subjektstellung denkbar.

Der Klassikertext jener ingeniösen Geburt der Freiheit aus dem Geiste der Renaissance ist eine Passage bei Giovanni Pico della Mirandola, in der die Würde des Menschen auf die Formel vom schöpferischen Bildner seiner selbst (plastes et fictor) gebracht wird (Pico della Mirandola, 1990, 6). Trotz ihrer literarischen Leichtigkeit nimmt diese Formel eine Grundthese der Aufklärungsphilosophie vorweg: Wir Menschen sind frei geboren, damit wir das werden, was wir sein wollen („quod esse volumus"). Das bei Pico della Mirandola unspezifisch verwendete Verbum „wollen" (velle) besagt ohne jede Festlegung auf die Herkunft des Vermögens, etwas wollen zu können: „Die Würde des Menschen, frei zu sein" (Lembcke, 2008), liegt in der Potenz, sich nach eigenem Willen zu bilden. Damit beginnt eine freiheitsphilosophische Traditionslinie, die über Rousseaus emphatische These „L'homme est né libre" (Rousseau, 2010, I, 1) zu Kants Prinzip der „angebornen Freiheit" (Kant, 2011, Metaphysik der Sitten, B 46) und von dort zu Hegels „Fortschritt im Bewußtsein der Freiheit" (Hegel, 1986, Philosophie der Geschichte, 32) führt – bei aller bereits betonten Unterschiedlichkeit der philosophischen Systeme.

Ob man mit den Renaissancehumanisten von Selbst-Bildung spricht, im Sinne des grundgesetzlichen Persönlichkeitsrechts von Selbst-Entfaltung, mit emanzipatorischen Bewegungen von Selbst-Verwirklichung oder in traditioneller Terminologie von Selbst-Bestimmung, macht im Prinzip keinen Unterschied. Prinzipiell geht es in all diesen Redeweisen um Anerkennung der Subjektqualität des Menschen mit Selbst-Bewusstsein, Selbst-Verständnis und Selbst-Verantwortung. Philosophische Bedingung jener „Selbst"-Festlegungen ist die Zuschreibung der Fähigkeit, frei zu sein, das heißt: über das Vermögen zu verfügen, sein Leben nach eigenem Entwurf zu gestalten, kurz über „Entwurfsvermögen" (Gröschner, 1995, 32).

Entwurfsvermögen ist kein empirischer Befund, den man mit den Mitteln moderner Naturwissenschaft beweisen oder bestreiten könnte. Rechtsphilosophisch ist das betreffende Vermögen eine unbedingt notwendige Unterstellung für den Status des Menschen als Rechtsperson, ohne die das gesamte Recht eines Freistaates buchstäblich hinfällig würde. Wer nicht die Freiheit hätte, sich selbst zu entwerfen, könnte keine privatrechtlichen Verträge schließen, keine polizeirechtliche Verantwortung als Störer und keine strafrechtliche Schuld als Täter auf sich nehmen. Der auf dieser Freiheitsunterstellung beruhende Status begründet Beziehungen zwischen Personen in interpersonalen Verhältnissen des Rechts. Durch Darstellung der Hirnaktivitäten beziehungsloser Probanden in bildgebenden Verfahren der Computertomografie kann das Entwurfsvermögen interagierender Personen nicht generell infrage gestellt werden. Als „Beziehungsorgan" (Fuchs, 2009) erlaubt unser Gehirn auch ein freiheitliches WIR (vgl. dazu die kontroverse Diskussion in den Beiträgen von Gerhard Roth und Reinhard Werth in diesem Band).

Bei der Zuschreibung jener Freiheitsfähigkeit, die der erste Satz des Grundgesetzes „Würde“ nennt, handelt es sich nicht um eine Theorie, die durch naturwissenschaftliche Experimente falsifiziert werden könnte. Vielmehr ist die Würde im Sinne des Grundgesetzes eine quasi-axiomatische These: eine Setzung, die weder beweisfähig noch beweisbedürftig ist, die sich aber nach Maßgabe der spezifischen Rationalität des jeweiligen Wissenschaftssystems zu bewähren hat. Als „quasi“-axiomatisch wird die betreffende „nicht interpretierte These“ (Heuss, 1993, 72) bezeichnet, weil die Jurisprudenz keine Mathematik ist. Ihre freiheitsphilosophischen Grundprinzipien – Freistaatlichkeit als republikanisches und Freiheitlichkeit als rechtsstaatliches Prinzip der Freiheit (vgl. Kapitel 3.3) – lassen sich nicht exakt berechnen; sie müssen am Maßstab praktischer Vernunft plausibel begründet werden.

3.2 Entdeckung der Reziprozität als Freiheitsphänomen

„Reziprozität“, philosophisch und soziologisch bestimmter Begriff „sozialer Wechselbezüglichkeit“, wird in der Alltagssprache so gut wie nie verwendet. Selbst das Reziprokpronomen „einander“ droht durch eine wenig elegante Konstruktion verdrängt zu werden: durch die Kombination des Reflexivpronomens „sich“ mit „gegenseitig“. „Einander“ zu helfen, ist aber nicht nur sprachlich eleganter als „sich gegenseitig“, sondern auch sachlich richtiger. Wenn nämlich wirklich gemeint ist, einer helfe dem jeweils anderen (nicht aber „sich“ selbst), dann handelt es sich um eine Hilfe, in deren reziprokem Wechselbezug ein reflexiver Rückbezug nach deutscher Grammatik fehl am Platze ist. Auch Menschen, die „sich“ umarmen und Kreise, die „sich“ schneiden, sind grammatikalisch Fehlkonstruktionen.

Überträgt man diese Überlegungen auf die Freiheit, kommt man um einen philosophisch unerfreulichen Befund nicht herum: Auch hier hat das reflexive Pronomen „sich“ das reziproke „einander“ fast völlig verdrängt: Man möchte „sich“ frei fühlen von inneren und äußeren Zwängen, „sich“ von Fremdbestimmung befreien und „sich“ vor allem finanziell ein selbstbestimmtes Leben leisten können. Auf den ersten Blick scheint dieser Befund mit dem soeben eingeführten „Entwurfsvermögen“ übereinzustimmen. Der Schein trügt. Denn schon Picos della Mirandola „dignitas hominis“ beruhte auf einer grundlegenden Ambivalenz des Menschseins: auf der Möglichkeit, zum Niedrigsten zu entarten (degenerare) oder zum Höchsten erneuert zu werden (regenerari). Pico della Mirandola spielt in der betreffenden Passage rhetorisch brillant mit dem Wortstamm „genus“ (Gattung) und dem Auf- oder Abstieg in einem „degenerativen“ oder „re-generativen“ Lebensentwurf. Das heißt: In seinem „Entwurfsvermögen“ ist der Mensch nur der Gattung nach frei – kantisch gesprochen qua Menschheit des Menschen –, sein konkreter Entwurf hängt jedoch vom Erwerb einer Entwurfskompetenz ab, die er keinesfalls reflexiv nur „sich“ selbst verdankt.

Der Referenzautor eines ebenfalls in der Renaissance entdeckten (aber nicht erfundenen) Würdeverständnisses, in dem die Menschen reziprok „einander“ freisetzen, ist

Giannozzo Manetti. Sein Anliegen war weniger die Philosophie als eine praxistaugliche „Lebenslehre" oder – um dem Aristoteles-Übersetzer Manetti gerecht zu werden – eine Handlungslehre für ein gelingendes Leben. In der Lobrede „De dignitate et excellentia hominis" (Manetti, 1990) preist er die Leistungen, die das „ingenium" des menschlichen Geistes hervorbringt. Der Appellcharakter all dieser Lobpreisungen wird im dritten Teil der Rede deutlich. Dort wechselt Manetti den Stil und den Rhythmus, indem er durchgehend den Plural „unser" verwendet und dieses Unsere – sein Ausdruck für das Phänomen der Reziprozität – in einer Takt und Tempo bestimmenden Aufzählung von Beispielen präsentiert, deren atemberaubende Aneinanderreihung hier nur in einer extrem gekürzten Zusammenfassung angedeutet werden kann: „Unser" sind Bilder, Skulpturen, Künste, Wissenschaften, Erfindungen, Äcker, Berge und Felder, Obstbäume und Weinstöcke, Laub- und Nadelbäume, alle Arten von Haus- und Nutztieren; am Ende schließlich heißt es: „Unser sind die Menschen" („Nostri sunt homines").

In unverkennbar aristotelischer Tradition definiert Manetti den Menschen als ein „animal sociale et civile", ein Wesen, das von Natur auf Gemeinschaft angelegt und angewiesen ist. In Gemeinschaft gestaltet er nicht nur seine Umwelt, sondern vor allem seine eigene Persönlichkeit, seine Sprache, sein Denken, sein Handeln und damit selbstverständlich auch: seinen Willen. Es wäre deshalb völlig verkehrt, den Leitspruch der Humanisten, das „Erkenne Dich selbst" des Delphischen Orakels, auf die rein reflexive Selbsterkenntnis isolierter Individuen zu beziehen. Die humane Substanz humanistischer „Lebensphilosophie" – die Anführungszeichen mögen zur Erinnerung an den „lebensphilosophischen" Lesefaden dienen, der durch den vorliegenden Beitrag führt – liegt in der untrennbaren Verbindung von Reflexivität und Reziprozität: Der Appell an die Menschen lautet, „sich" und (!) „einander" zu erkennen, damit im „Miteinander" das „Unsere" geleistet und dabei in einem freiheitsphilosophisch prominenten Sinne jeweils unser WIR gefunden werden kann.

Wie Manettis Aufzählung zeigt, erstreckte sich der humanistische Bildungsappell auf viel mehr als auf die Bereiche persönlicher Moral und politischer Ethik, nämlich auf alle Gebiete der gemeinsamen „cultura" pfleglichen Umgangs mit Gott und der Welt (was hier keine Alltagsfloskel ist). In der ökonomisierten Lebenswelt unserer Tage, in der Wirtschaftssubjekte nach Gewinn und Verlust bewertet werden, sei daran erinnert, wie viel jedes Ich – bevor es sich so zu nennen vermag – dem Du und dem WIR verdankt. Das Appellative der „dignitas" im Sinne Manettis sollte davor bewahren, jene in der Renaissance erfundene Subjektivität, die der grundgesetzliche Würdebegriff als objektives Prinzip anerkennt, „solipsistisch" verkümmern zu lassen: „Solus ipse", je für sich allein sein zu können, ist sicher eine Kunst, die (auch) zum Gelingen des Lebens gehört; als Konstitutionsprinzip einer Verfassung wäre jede Art von Solipsismus – von ideologisch verabsolutierter Selbstbezüglichkeit – aber ebenso sicher ungeeignet.

Eine wichtige sozialtheoretische Präzisierung findet das Phänomen der Reziprozität in der Philosophie George H. Meads (1973). Deren Unterscheidung von „I", „Me" und

„Self" kann zu einem freiheitsphilosophisch fundamentalen Satz verdichtet und gegen jeden Solipsismus der Freiheit gewendet werden: „Ich" finde mein „Selbst" erst über die Reaktionen anderer auf „Mich" und durch die Integration dieser Reaktionen in mein eigenes Rollenverständnis und Persönlichkeitsbild. Vom „Ich" zum „Selbst" führt der Weg über soziale Beziehungen, auch wenn sie heute anders strukturiert und weniger durch persönliche Begegnungen geprägt sind als in der „Face-to-Face-Society" der Renaissance. Soziologisch im engeren Sinne ist „die Gesellschaft" Ergebnis der Wechselwirkungen zwischen ihren Akteuren. Georg Simmel hat vom „Zwischen" gesellschaftlich agierender Individuen und Gruppen gesprochen (Simmel, 1992, 689 f.).

Dieser bereits mit Martin Buber in Kapitel 1.4 eingeführte Begriff bezeichnet demzufolge nicht nur den Ort, an dem Einzelne einander begegnen, sondern auch den Raum, in dem gesamtgesellschaftliche Interaktionen wirksam werden. Individualpsychologisch fungiert das „Zwischen" als Voraussetzung für Gespräche in dialogischer Freiheit und Verantwortung, sozialpsychologisch als Bedingung für den inneren Zusammenhalt einer Gesellschaft und die gesellschaftliche Praxis politischer Einheitsbildung. Bezwecken lassen sich beide Zwischen nicht. Auch das in ihnen entstehende WIR ist im vollsten Sinne des vorliegenden Themas zwecklos: Es kann nicht wie eine Zielscheibe festgenagelt, instrumentell angezielt und von Meisterschützen genau getroffen werden (vgl. Kapitel 1.2), sondern ergibt sich aus gelingendem Handeln in gemeinsamer Praxis. Vom Gelingen dieser Praxis hängt auch die Macht ab, die der Untertitel dieses Beitrags freiheitswilligen Bürgern als „Macht im WIR" zuspricht: als ein „Machtpotential", das sich nach Maßgabe des dialogischen Machtbegriffs Hannah Arendts nur im „Miteinander" bilden kann (Arendt, 1960, 195; Kritik am teleologischen Machtverständnis Max Webers, das darauf abstellt, „innerhalb einer sozialen Beziehung den eigenen Willen auch gegen Widerstreben durchzusetzen" bei Gröschner et al., 2000, 118 f.).

3.3 Rechtsstaatliche und republikanische Freiheit unter dem Grundgesetz und in der globalisierten Welt

Am 23. Mai 1949 ist mit dem „Grundgesetz für die Bundesrepublik Deutschland" eine Verfassung in Kraft getreten, die das alteuropäische Prinzip republikanischer Freiheit mit dem neuzeitlichen Prinzip rechtsstaatlicher Freiheit verbindet, und zwar in philosophisch optimaler Weise. Die grundgesetzliche Freiheitsphilosophie, die zum Abschluss in ihren Grundlinien vorgestellt werden soll, lautet pointiert: Die Republik schützt die politische Freiheit Aller, der Rechtsstaat die persönlichen Freiheiten aller Einzelnen. Wer die Einzelnen als geborene Subjekte der Freiheit mit dem Bundesverfassungsgericht schon immer groß geschrieben hat, sollte die gleich wichtige Freiheit Aller nicht klein schreiben (republikanisches Paradigma für die Großschreibung der „Freyheit Aller": Feuerbach, 1801, 12). Gleich wichtig ist die republikanische Freiheit (im Singular), weil die Institutionalisierung einer freistaatlichen Ordnung objektive Voraussetzung für den wirksamen Schutz subjektiver Freiheitsrechte (im Plural) ist.

Der von den Verfassungseltern gewollte Vorrang der Würde in Art. 1 Abs. 1 GG („Die Würde des Menschen ist unantastbar") steht dieser freiheitsphilosophischen Gleichordnung der Republik nicht entgegen. Als Ausruf der Abscheu vor den Verbrechen der Nazibarbarei bleibt der erste Satz des Grundgesetzes sowohl durch seine Stellung an der Spitze des Verfassungstextes als auch durch seine Einordnung in die Geschichte des 20. Jahrhunderts von herausragender Bedeutung. Vor diesem historischen Hintergrund sollte aber auch die Republik als zweites Konstitutionsprinzip der Verfassung in Erinnerung an den 30. Januar 1933 mit einem Ausrufezeichen versehen werden: Gehaltvoll „freistaatlich" interpretiert und nicht auf ein „Monarchieverbot" reduziert (vgl. Kapitel 2.3), war die Ernennung Hitlers zum Reichskanzler durch den greisen Reichspräsidenten von Hindenburg ein evidenter Verstoß gegen das Republikprinzip des Art. 1 Abs. 1 WRV!

Bei näherer Betrachtung der beiden Basis- oder Konstitutionsprinzipien des Grundgesetzes kommt nur die systematische Gleichordnung von „Würde" und „Republik" innerhalb eines verfassungsrechtlichen Verweisungszusammenhangs infrage, begründet durch die für beide Prinzipien leitende Idee der Freiheit: Die konstituierende Freiheit der Menschenwürde ist die persönliche Freiheit jedes Einzelnen, die ihm das Grundgesetz in neuzeitlicher Anerkennung seines „Entwurfsvermögens" als empirisch unantastbare Potenz zuspricht (kantianisch: als „reine" oder transzendentale Idee); die konstituierende Freiheit der Republik ist die institutionelle, in den Institutionen eines Freistaates wirksam werdende politische Freiheit Aller (hegelianisch: als Wirklichkeit der Freiheit im gewohnheitsgemäßen WIR von Verfassungspatrioten). Die menschenwürdebasierte Freiheit wird rechtsstaatlich geschützt durch subjektive Grundrechte (Prinzip der Freiheitlichkeit), die republikbasierte Freiheit durch die Institutionalisierung einer Ämterordnung und die Orientierung ihrer Amtswalter am Gemeinwohl (Prinzip der Freistaatlichkeit).

Mit einer erneuten Anleihe bei Aristoteles ließe sich das Verhältnis von Freistaatlichkeit und Freiheitlichkeit auch als Verweisungszusammenhang zwischen dem Ganzen des republikanischen Gemeinwesens und dessen grundrechtlich geschützten Teilen verstehen. Nach aristotelischer Logik könnte deshalb durchaus an einen Vorrang objektivrechtlicher Freistaatlichkeit vor subjektivrechtlicher Freiheitlichkeit gedacht werden. Um verfehlte Assoziationen eines Nachrangs der Menschen und ihrer Freiheitsgrundrechte im Staate auszuschließen, sollte die Rechts- und Staatsphilosophie des Grundgesetzes aber von einem Fundierungsakt ausgehen, in dem sich republikanische Freistaatlichkeit gleichzeitig und gleichberechtigt mit rechtsstaatlicher Freiheitlichkeit konstituiert hat. Demnach ist 1949 eine gleichermaßen durch institutionelle wie durch individuelle Freiheit legitimierte Verfassungsordnung der Würde und der Republik in Kraft getreten: der Freistaat des Grundgesetzes (Gröschner, 2011).

In unserer globalisierten, digital vernetzten und elektronisch beschleunigten Welt ist es zu Entwicklungen gekommen, die sowohl die persönliche als auch die politische Freiheit gefährden. Abgesehen von den Gefahren, die der rechtsstaatlichen Sicherheit des Internets drohen – in der Sprache des Bundesverfassungsgerichts: dem „Grundrecht auf Gewährleistung der Vertraulichkeit und Integrität informationstechnischer Systeme" (BVerfG, 2008, 274) –, sollte die Freiheitsgefährdung nicht verharmlost werden, die von einer exzessiven Nutzung des Netzes selbst ausgeht: der Verlust des Zwischen im Sinne Bubers (vgl. Kapitel 1.4). Die „sozialen Netzwerke" des Internetzeitalters sind nur die elektronischen Schatten lebendiger interpersonaler Beziehungen. Wegen ihrer fehlenden Dialogik sind sie bisweilen sogar deren genaues Gegenteil. Denn die „Freunde", die Statusmeldungen, Fotos oder Ähnliches auf den von ihnen bevorzugten Kommunikationsplattformen „posten", bezwecken in aller Regel die virtuelle Präsentation des eigenen Ich. Dieser Zweck ist nicht der Nagel, an dem das gelingende Freiheitsverhältnis einer Freundschaft befestigt werden kann.

Die Wirtschaft als treibende Kraft öffentlichen Lebens in der sogenannten westlichen Welt wird mehr und mehr durch „Global Player" bestimmt, die ihre Zwecke auf den Weltmärkten der Finanz- und Realwirtschaft verfolgen. Ihre Kontrolle entzieht sich zunehmend dem nationalen Recht der Staaten und wird immer weitergehend zur Aufgabe europäischen Rechts und internationaler Institutionen. In dieser „postnationalen Konstellation" (Habermas, 1998) gehört nicht nur der „geschlossene Handelsstaat" (Fichte, 1920) der Vergangenheit an, sondern auch der überkommene Nationalstaat. Obwohl kurzzeitig das Absterben des Staates auch außerhalb marxistisch-leninistischer Ideologien prophezeit worden war, geht man inzwischen vernünftigerweise von seinem Überleben als „offener Verfassungsstaat" (Hobe, 1998) aus. Erhalten bleiben wird ihm vor allem die Verantwortung für das Gelingen gesellschaftlichen Lebens in Frieden und Freiheit, weil dessen Grundbedingungen – Freistaatlichkeit und Freiheitlichkeit – nur „durch Recht" realisierbar sind (Voßkuhle, 2013), mehr noch: ohne staatlich gesetztes und garantiertes Recht gar nicht gedacht werden können.

Zu dieser Einschätzung gehört ganz wesentlich die in der pränationalen Konstellation der Antike gewonnene philosophische Einsicht, das Gelingen des Gemeinschaftslebens niemals allein durch den zweckhaften Einsatz des Rechts garantieren zu können, sondern immer nur in Wechselwirkung mit Bürgern „von freier Art" (Aristoteles, 1991; vgl. Kapitel 1.3 und 2.1). Wenn deren Wille im Zwischen politischer Freiheitsverhältnisse gebildet wurde (Simmel, 1992; vgl. Kapitel 3.2), hat er die Chance, im öffentlichen Leben Freiheitsfortschritte zu bewirken, und zwar auf allen Ebenen staatlicher und überstaatlicher Institutionen – vom Freistaat Bayern oder von einem anderen der freistaatlichen deutschen Länder über die Bundesrepublik Deutschland und die Europäische Union bis hin zu internationalen Organisationen, die nur als republikanische Institutionen legitim sind (Gröschner, 2014).

Die Träger jenes wirksamen Willens hinterlassen Fußspuren der Freiheit, die man nachverfolgen, aber nicht im Voraus bezwecken kann. Das WIR, von dem die Spuren stammen, ist der Familienname zweckloser Freiheit. Für den Zusammenhalt der betreffenden republikanischen Familie und deren politischen Wert darf auf die „Macht im WIR" verwiesen werden, die der Untertitel des vorliegenden Beitrags eingeführt hat.

Die Verweisung schlägt den Gedankenbogen zurück zur Grundunterscheidung zwischen dem teleologischen und dem dialogischen Prinzip: Ein nicht-teleologischer Begriff von Freiheit ist Voraussetzung für ihr dialogisches Verständnis. Mit etwas mehr literarischem Schwung formuliert: Die Ohnmacht des Zwecks ist freiheitsphilosophische Bedingung für die Macht des WIR.

Das Wichtigste in Kürze

- Der Buchtitel „Freiheit ist zwecklos" provoziert. Er spielt mit dem Doppelsinn des Wortes „zwecklos", das „ohne Erfolgsaussicht" bedeuten kann, aber auch „ohne Zielvorgabe". Als philosophische These geht die Titelformulierung von der zweiten Wortbedeutung aus.
- Dementsprechend behandelt der erste Buchbeitrag die Zwecklosigkeit der Freiheit als Freiheit von vorgegebenen Zielen. Sein Thema ist zweckfreies Handeln („praxis") als aristotelische Alternative zum zweckrationalen Herstellen („poiesis").
- Die Praxis zweckfreien Handelns orientiert sich nicht an einem von außen vorgegebenen Ziel oder Zweck („telos"), sondern an der inneren, ihr Ziel in sich selbst tragenden Entelechie („entelecheia") gelingender Interaktionen in den Verhältnissen handelnder Personen. Sie folgt einem dialogischen, keinem teleologischen Prinzip.
- Dialogisch ist Freiheit durch Beziehungsfähigkeit charakterisiert, nicht etwa durch Bindungslosigkeit. Kennzeichen dialogischer Beziehungsverhältnisse ist das gegenseitige Zutrauen und Zumuten von Freiheit in einem „Zwischen" freiheitsfähiger und freiheitswilliger Persönlichkeiten.
- Auf der Ebene politischer Freiheit steht der Staat als Gemeinschaft der Freien in einer Verfassungstradition, die von der „politeia" des Aristoteles über die „res publica" Ciceros und die „république" Rousseaus bis zur Republik des Grundgesetzes reicht.
- Seit der Weimarer Reichsverfassung ist „Freistaat" die deutsche Übersetzung des lateinischen Lehnwortes „Republik". In der erwähnten Verfassungstradition bezeichnen die bedeutungsgleichen Attribute „republikanisch" und „freistaatlich" eine politische Ordnung, die im allgemeinen Freiheitswillen ihrer Bürgerinnen und Bürger fundiert und durch deren öffentliche Freiheit legitimiert ist.
- Auf der Ebene privater oder persönlicher Freiheit ist das entscheidende Merkmal des Menschen seit der Renaissance sein „Entwurfsvermögen": die generelle, für alle Mitglieder der Gattung Mensch anzuerkennende Fähigkeit, das Leben nach eigenem Entwurf zu gestalten.
- Als „animal sociale et civile" entwickelt der Mensch seine Persönlichkeit nicht im Status eines isolierten Individuums, sondern in der Rolle des Mitmenschen. Nur in dieser Rolle kann aus genereller Entwurfsfähigkeit individuelle „Entwurfskompetenz" entstehen. Sie ist Voraussetzung dialogischer Freiheit und Verantwortung.
- Die „Macht im WIR" (Untertitel) beruht auf einem dialogisch gelingenden – keinesfalls teleologisch herzustellenden – „Zwischen", sei es im privaten Gemeinschaftsleben der Familie oder in gemeinsamer gesellschaftlicher Praxis. Für die politische Macht einer solchen Praxis ist die Freiheitsrevolution des Jahres 1989 mit ihrer Parole „Wir sind das Volk" der beste Beweis.

Literatur

Anschütz, Gerhard, 1987 [1933], Die Verfassung des Deutschen Reichs vom 11. August 1919, Aalen

Anschütz, Gerhard / **Thoma**, Richard (Hrsg.), 1930, Handbuch des deutschen Staatsrechts, Bd. 1, Tübingen

Arendt, Hannah, 1960, Vita activa oder Vom tätigen Leben, Stuttgart

Aristoteles, 1979, Nikomachische Ethik, Darmstadt

Aristoteles, 1991, Politik, Buch I und Bücher II und III in zwei Bänden, Darmstadt

Bleicken, Jochen, 2008, Die Verfassung der Römischen Republik, Paderborn

Buber, Martin, 1962, Schriften zur Philosophie, in: ders., Werke, Bd. 1, München

Buchheim, Hans, 2013, Der neuzeitliche republikanische Staat, Tübingen

BVerfG – Bundesverfassungsgericht, 2008, Urteil vom 27.2.2008, 1 BvR 370, 595/07, in: Mitglieder des Bundesverfassungsgerichts (Hrsg.), Entscheidungen des Bundesverfassungsgerichts, Bd. 120, Tübingen, S. 274–350

Camus, Albert, 1959, Der Mythos des Sisyphos. Ein Versuch über das Absurde, Hamburg

Corpus Iuris Civilis, 2013, Digesten 1–34, Heidelberg

Fetscher, Iring, 2011, Volonté générale, in: Historisches Wörterbuch der Philosophie, Bd. 11, Sp. 1141–1143

Feuerbach, Paul J. A., 1801, Lehrbuch des gemeinen in Deutschland gültigen peinlichen Rechts, Gießen

Fichte, Johann G., 1920 [1800], Der geschlossene Handelsstaat, Jena

Fögen, Marie T., 2003, Römische Rechtsgeschichten, Göttingen

Fröhlich, Günter, 2013, Die aristotelische eudaimonia und der Doppelsinn vom guten Leben, in: Archiv für Begriffsgeschichte, Bd. 54, Hamburg, S. 21–44

Fuchs, Thomas, 2009, Das Gehirn – ein Beziehungsorgan, Stuttgart

Grimm, Jakob / **Grimm**, Wilhelm, 1954, Deutsches Wörterbuch, Bd. XVI, Leipzig

Gröschner, Rolf, 1995, Menschenwürde und Sepulkralkultur in der grundgesetzlichen Ordnung, Stuttgart

Gröschner, Rolf, 2004, Die Republik, in: Handbuch des Staatsrechts, Bd. 2, Heidelberg, S. 369–428

Gröschner, Rolf, 2006, Republik, in: Evangelisches Staatslexikon, Neuausgabe Stuttgart, Sp. 2041–2045

Gröschner, Rolf, 2009, Evolution der Revolution oder: Das Ende der DDR als Fortschritt im Begriff einer Freiheitsrevolution, in: Juristenzeitung, 64. Jg., Nr. 21, S. 1025–1032

Gröschner, Rolf, 2011, Der Freistaat des Grundgesetzes, in: Gröschner, Rolf / Lembcke, Oliver (Hrsg.), Freistaatlichkeit, Tübingen, S. 293–352

Gröschner, Rolf, 2013, Dialogik des Rechts. Philosophische, dogmatische und methodologische Grundlagenarbeiten 1982–2012, Tübingen

Gröschner, Rolf, 2014, „Im Namen der Völker und der Bürger“, in: Juristenzeitung, 69. Jg., Nr. 13, S. 674–678

Gröschner, Rolf et al., 2000, Rechts- und Staatsphilosophie. Ein dogmenphilosophischer Dialog, Berlin

Gröschner, Rolf et al., 2008, Des Menschen Würde – entdeckt und erfunden im Humanismus der italienischen Renaissance, Tübingen

Habermas, Jürgen, 1982, Theorie des kommunikativen Handelns, Frankfurt am Main

Habermas, Jürgen, 1998, Die postnationale Konstellation. Politische Essays, Frankfurt am Main

Hegel, Georg W. F., 1986, Werke, Frankfurt am Main

Heller, Hermann, 1983, Staatslehre, Tübingen

Henke, Wilhelm, 1987, Die Republik, in: Handbuch des Staatsrechts, Bd. 1, Heidelberg, S. 863–886

Heuss, Theodor, 1993 [1948], Der Parlamentarische Rat 1948–1949, in: Deutscher Bundestag / Bundesarchiv (Hrsg.), Bd. V/1, Boppard, S. 72 und S. 281

Hobe, Stephan, 1998, Der offene Verfassungsstaat zwischen Souveränität und Interdependenz, Berlin

Horn, Christoph / **Rapp**, Christof (Hrsg.), 2008, Wörterbuch der antiken Philosophie, München

Huber, Ernst R., 1992, Dokumente zur deutschen Verfassungsgeschichte, Bd. 4, Stuttgart

Isensee, Josef, 2014, Gemeinwohl und öffentliches Amt. Vordemokratische Fundamente des Verfassungsstaates, Wiesbaden

Janich, Peter, 1995, Konstitution, Konstruktion, Reflexion, in: Demmerling, Christoph / Gabriel, Gottfried / Rentsch, Thomas (Hrsg.), Vernunft und Lebenspraxis, Frankfurt am Main, S. 32–51

Kant, Immanuel, 2011, Werke in sechs Bänden, Wiesbaden

Kersting, Wolfgang, 2002, Jean-Jacques Rousseaus „Gesellschaftsvertrag“, Darmstadt

Kersting, Wolfgang (Hrsg.), 2005, Klugheit, Weilerswist

Lembcke, Oliver, 2008, Die Würde des Menschen, frei zu sein. Zum Vermächtnis der „Oratio de hominis dignitate" Picos della Mirandola, in: Gröschner, Rolf et al. (Hrsg.), Des Menschen Würde – entdeckt und erfunden im Humanismus der italienischen Renaissance, Tübingen, S. 159–186

Lorenz, Kuno, 2009, Dialogischer Konstruktivismus, Berlin

Löwith, Karl, 1969 [1928], Das Individuum in der Rolle des Mitmenschen, Darmstadt

Luckner, Andreas, 2005, Klugheit, Berlin

Mager, Wolfgang, 1984, Republik, in: Brunner, Otto (Hrsg.), Geschichtliche Grundbegriffe, Bd. V, Stuttgart, S. 549–651

Manetti, Giannozzo, 1990, De dignitate et excellentia hominis, Hamburg

Mead, George H., 1973, Geist, Identität und Gesellschaft, Frankfurt am Main

Meier, Christian, 1995, Die Entstehung des Politischen bei den Griechen, Frankfurt am Main

Mittelstraß, Jürgen, 1991, Das lebensweltliche Apriori, in: Gethmann, Carl F. (Hrsg.), Lebenswelt und Wissenschaft, Bonn, S. 114–142

Pico della Mirandola, Giovanni, 1990, De dignitate hominis, Hamburg

Preuß, Hugo, 1923, Deutschlands Republikanische Reichsverfassung, Berlin

Riedel, Manfred, 1972, Rehabilitierung der praktischen Philosophie. Geschichte, Probleme, Aufgaben, Bd. 1, Freiburg im Breisgau

Riedel, Manfred, 1974, Rehabilitierung der praktischen Philosophie. Rezeption, Argumentation, Diskussion, Bd. 2, Freiburg im Breisgau

Rombach, Heinrich, 1987, Strukturanthropologie. Der menschliche Mensch, Freiburg im Breisgau

Rousseau, Jean-Jacques, 2010, Du Contrat Social, Stuttgart

Schmid, Carlo, 1951, Entstehungsgeschichte der Artikel des Grundgesetzes. Überschrift des Grundgesetzes, in: Jahrbuch des öffentlichen Rechts der Gegenwart, Tübingen, S. 20

Simmel, Georg, 1922, Lebensanschauung. Vier metaphysische Kapitel, München

Simmel, Georg, 1992, Soziologie. Untersuchungen über die Formen der Vergesellschaftung, Gesamtausgabe, Bd. 11, Frankfurt am Main

Verfassunggebende Nationalversammlung, 1920, Verhandlungen der Verfassunggebenden Deutschen Nationalversammlung, Stenographische Berichte, Bd. 326, Berlin

Voßkuhle, Andreas, 2013, Freiheit und Demokratie durch Recht, Hannover

Alternativistische Willensfreiheit ist empirisch widerlegbar: Argumente aus Sicht der Hirnforschung

Gerhard Roth

1 Einleitung

Über die Frage, ob der Wille des Menschen frei sei, wird in der abendländischen Philosophie seit dem Altertum gestritten. Dabei vertrat und vertritt immer noch die Mehrzahl der Philosophen und anderer Geisteswissenschaftler die Meinung, der Mensch besitze Willensfreiheit, wenngleich dasjenige, was jeweils darunter verstanden wird, stark voneinander abweichen kann. Eine Minderheit bestritt und bestreitet die Existenz von Willensfreiheit, wiederum aus zum Teil verschiedenen Gründen. Ebenso umstritten ist die Frage, ob Willensfreiheit faktisch existiert und deshalb auch empirisch nachweisbar sein muss oder ob es sich um ein bloßes Postulat oder gar um eine „staatsnotwendige Fiktion" handelt, wie es der bekannte Strafrechtler Eduard Kohlrausch formuliert hatte (Kohlrausch, 1905).

Über lange Zeit hinweg galt eine empirische Überprüfung von Willensfreiheit als unmöglich, jedoch haben die aufsehenerregenden Versuche des amerikanischen Neurobiologen Benjamin Libet in den 1980er Jahren zusammen mit der stürmischen Entwicklung der Neurowissenschaften dieses Thema hochaktuell werden lassen. Kaum eine Frage wird zwischen Geistes- und Naturwissenschaften seit Jahren so heftig diskutiert wie die nach der tatsächlichen Existenz von Willensfreiheit. Um aber zu verstehen, um welche Problematik es hierbei überhaupt geht, lohnt sich ein Blick in die Philosophiegeschichte, und zwar auf die beiden großen Antipoden David Hume (1711–1776) und Immanuel Kant (1724–1804).

1.1 Der Kompatibilismus David Humes

Der schottische Philosoph und Historiker David Hume hat sich mit dem Problem der Willensfreiheit in zwei Werken, nämlich im „Treatise of Human Nature" von 1739/40 und in „An Enquiry Concerning Human Understanding" von 1748, auseinandergesetzt. Ich möchte im Folgenden Humes Argumentation in wenigen Punkten zusammenfassen:

- Alle Vorgänge in der Natur sind vollständig durch Ursachen bestimmt (determiniert), deren Wirkungen durch Naturgesetze festgelegt sind. Ich nenne diesen Standpunkt *Pan-Determinismus*. Ein solcher Pan-Determinismus gilt für Hume auch für den Menschen und dessen Handeln. Dieses Handeln ist aufgrund seiner Komplexität und mangelnder Kenntnis der Anfangs- und Randbedingungen zwar nicht exakt voraussagbar, weist aber eine hohe Regelmäßigkeit auf, auf der die Menschenkenntnis – der zentrale Ausgangspunkt der Hume'schen Psychologie und Philosophie – aufbauen kann. Hume weist in diesem Zusammenhang auf die Wolkenbildung hin, die in ihrer ungeheuren Komplexität nicht im Detail berechenbar und exakt voraussagbar ist, wenngleich niemand an ihrer physikalischen Determiniertheit (und an der des Wetters allgemein) zweifelt. Wir würden heute beim Wetter von einem „deterministischen Chaos" sprechen (an der Heiden, 1996).

- Alles menschliche Handeln ist durch psychische Motive bestimmt. Unterschiedliches Handeln ergibt sich aus unterschiedlichen Motiven, die aus einer unterschiedlichen Persönlichkeit resultieren. Dies bestimmt einerseits die große Regelhaftigkeit menschlichen Handelns und andererseits ihre individuellen Abweichungen. Ohne diese Regelhaftigkeit wäre eine menschliche Gesellschaft nicht möglich, denn diese baut auf der (relativen) Erwartbarkeit menschlicher Handlungen auf. Willensfreiheit im strengen Sinne bedeutete hingegen die Abwesenheit von determinierenden und damit nachvollziehbaren Motiven und wäre von zufälligem Handeln nicht unterscheidbar.

- Wir empfinden die Verursachung unserer Handlungen durch den Willen als *frei*, weil wir die Bedingtheit des Willens nicht empfinden. Es gibt also keine Willensfreiheit im objektiven, sondern nur im subjektiven, individuell empfundenen Sinne.

- Freiheit ist nur als *Handlungsfreiheit* möglich, das heißt als Möglichkeit, bei Abwesenheit von äußerem oder innerem Zwang zwischen Alternativen zu wählen. Dabei bestimmt unser Wille, welche Alternative wir auswählen. Der Wille selbst ist nicht frei, sondern von Motiven und damit letztlich von unserer Persönlichkeit bestimmt. Freiheit ist für Hume nicht der Determiniertheit, also der generellen Verursachung, sondern dem Zufall entgegengesetzt.

Insgesamt ist Freiheit als Handlungsfreiheit für Hume mit einem Pan-Determinismus vereinbar (kompatibel). Insofern ist Hume *Kompatibilist*. Gleichzeitig lehnt er eine *Willensfreiheit* als absichtsvolle und zugleich rein geistige Steuerbarkeit des Willens ab, denn diese widerspreche der generellen Verursachtheit des menschlichen Willens. Wie es Schopenhauer später ausdrückte: Man kann den Willen nicht wollen! In Bezug auf diesen Begriff von Willensfreiheit ist Hume *Inkompatibilist*.

1.2 Der Begriff der Willensfreiheit bei Immanuel Kant

Willensfreiheit spielt für Immanuel Kant im Wesentlichen eine Rolle im Zusammenhang mit der Begründung der Moral. Nach eigenem Bekenntnis wollte Kant der Moral Platz schaffen, indem er die Grenzen unserer kognitiven Erkenntnis und damit der Erfahrbarkeit des Naturgeschehens aufwies. Kant war aber zugleich ein glühender Verehrer Isaac Newtons und in Dingen der Natur wie Hume Pan-Determinist. Moral war aber in einer solchen deterministischen Welt unmöglich, denn man kann nach Kant nur „aus freien Stücken" moralisch sein, nicht aber, weil Naturgesetze dafür sorgen, und auch nicht, um Gott gefällig zu sein oder seinen Strafen zu entgehen. Moral muss sich selbst begründen!

Kant definiert (Willens-)Freiheit als „das Vermögen, einen Zustand von selbst anzufangen, deren [sic] Kausalität also nicht nach dem Naturgesetze wiederum unter einer anderen Ursache steht, welche sie der Zeit nach bestimmte" (Kant, 1787, 561). Dies kann es in der Natur nicht geben. Kant fährt aber fort: „Die Freiheit ist in dieser Bedeutung eine rein transzendentale Idee, die erstlich nichts von der Erfahrung Entlehntes enthält, zweitens deren Gegenstand auch in keiner Erfahrung bestimmt werden kann." Willenshandlungen sind entsprechend für Kant nur der Idee nach, nicht aber empirisch frei. Daraus folgt für Kant auch, dass der Versuch, Willensfreiheit empirisch nachweisen zu wollen, absurd ist.

Für Kant kann es schon deshalb keinen Widerspruch zwischen Naturgesetzlichkeit und Willensfreiheit oder moralischem Handeln geben, weil das eine und das andere zwei ganz verschiedenen Welten angehört. Wir sind daher nach Kant „Bürger zweier Welten", nämlich Bürger der natürlichen, deterministischen Welt und Bürger der „intelligiblen", moralischen Welt. Diese Auffassung ist die Quelle der berühmten Unterscheidung von „Sein" und „Sollen" im menschlichen Handeln.

Diese Position Kants ist für das moderne Strafrecht und das dortige Prinzip der Willensfreiheit grundlegend geworden und lässt sich wie folgt zusammenfassen:

- Wir als denkende Subjekte sind Quelle unseres Willens und Verursacher unserer Handlungen.

- Der Willensakt geht unseren Handlungen voraus und verursacht unsere Handlung direkt und auf eine (im naturwissenschaftlichen Sinne) nichtkausale Weise.

- Wir könnten entsprechend unter identischen materiellen Bedingungen anders handeln, wenn wir nur wollten. Dies nennt man *Alternativismus*.

Aus diesen drei Voraussetzungen folgt eine vierte, nämlich:

- Wir fühlen uns für Willenshandlungen persönlich verantwortlich. Der Alternativismus ist damit auch die Grundlage des strafrechtlichen Schuldprinzips, denn dem Täter wird vorgeworfen, er habe sich bei Kenntnis von Recht und Unrecht frei und bewusst gegen das Recht entschieden (Roxin, 2006; Merkel/Roth, 2010).

Wichtig ist aber, dass entgegen der Auffassung Kants das heutige Strafrecht von der *faktischen Existenz* von Willensfreiheit ausgeht. So stellte im Jahr 1952 der Bundesgerichtshof fest: „Mit dem Unwerturteil der Schuld wird dem Täter vorgeworfen, dass er sich für das Unrecht entschieden hat, obwohl er sich rechtmäßig verhalten, sich für das Recht hätte entscheiden können. Der innere Grund des Schuldvorwurfs liegt darin, dass der Mensch auf freie, verantwortliche, sittliche Selbstbestimmung angelegt und deshalb befähigt ist, sich für das Recht und gegen das Unrecht zu entscheiden" (zitiert nach Roxin, 2006).

Mit dieser Existenzbehauptung begibt sich das Strafrecht in das Dilemma, dass zumindest im Prinzip der Strafrichter einem Angeklagten empirisch nachweisen muss, er sei im alternativistischen Sinne willensfrei, genauso wie er entsprechend § 20 des Strafgesetzbuchs empirisch (mithilfe forensischer Gutachter) Schuldfähigkeit oder Schuldunfähigkeit nachweisen oder zumindest wahrscheinlich machen muss.

Die Frage ist, ob und wie dies überhaupt möglich ist, zumal ausgerechnet der Kronzeuge des Strafrechts, Immanuel Kant, strikt behauptete, dies sei unmöglich. Auch unter führenden Strafrechtlern wird ein solcher Nachweis als kritisch oder undurchführbar angesehen (Roxin, 1984; 2006). Bis zum Bekanntwerden der sogenannten Libet-Experimente (vgl. Kapitel 2.2) galt es auch unter Naturwissenschaftlern als unmöglich, im menschlichen Handeln zwischen einem strengen Determinismus und einer zumindest partiellen Indeterminiertheit zu unterscheiden. Dazu müsste man – so das Argument – eine Versuchsperson unter kontrollierten Bedingungen sich in Abwesenheit äußeren oder inneren Zwangs subjektiv frei zwischen zwei Alternativen entscheiden lassen und dann dieses Experiment unter exakt denselben Bedingungen mehrfach wiederholen, um zu sehen, ob sich die Person unter identischen Bedingungen identisch entscheidet oder nicht. Klar war, dass dies ein Ding der Unmöglichkeit ist, denn auch wenn es mehr oder weniger identische äußere Anfangs- und Randbedingungen geben kann, so gibt es solche im menschlichen Gehirn nicht. Jede einmal getroffene Entscheidung verändert unweigerlich das Gehirn, und niemand kann sich in dieselben neuronalen und psychischen Bedingungen zurückversetzen lassen, genauso wenig wie man in denselben Fluss zweimal hineinsteigen kann – wie es schon bei Heraklit heißt. Es gab bis dato auch nicht die geringste methodische Möglichkeit, Geschehnisse im Gehirn, die mit einer freien Willensentscheidung zusammenhängen könnten, zu untersuchen.

Es stellt sich also die Frage, ob und inwieweit sich heute diese Situation grundlegend geändert hat. Dazu wollen wir uns anschauen, was uns die moderne Physik, Psychologie und Hirnforschung zu diesem Thema sagen können.

2 Determinismus und Willensfreiheit aus Sicht der modernen Physik, Psychologie und Hirnforschung

Wie wir gehört haben, geht Hume in der Nachfolge der Physik Newtons von einer vollständigen Determiniertheit allen Geschehens einschließlich des menschlichen Handelns aus. Ein solcher Pan-Determinismus ist jedoch durch die Quantenphysik ins Wanken geraten, das heißt, die Mehrzahl der heutigen Physiker geht im Rahmen der sogenannten Kopenhagener Deutung davon aus, dass es zumindest im mikrophysikalischen Bereich Prozesse gibt, die *objektiv zufällig* sind. Dies bedeutet, dass der

Ausgang eines mikrophysikalischen Experiments auch bei genauester Kenntnis und Kontrolle nicht vorhersagbar ist (Zeilinger, 2003; 2005). Dem steht die zum Beispiel von Albert Einstein vertretene pan-deterministische Minderheitenmeinung gegenüber, die von bisher noch nicht entdeckten „verborgenen Parametern“ bei scheinbar zufälligen mikrophysikalischen Prozessen ausgeht. Dies gilt aber in der Physik inzwischen als eine Minderheitenmeinung.

Viele Philosophen und philosophierende Naturwissenschaftler wie John C. Eccles haben versucht, die Willensfreiheit mit Rückgriff auf die Kopenhagener Deutung zu retten in der Annahme, solche Prozesse wirkten sich im Gehirn determinierend auf makrophysikalisch-neuronale Prozesse aus (Eccles, 1994). Es wurden verschiedene Vorstellungen entwickelt, wie quantenphysikalische Geschehnisse auf neuronale Ereignisse einwirken könnten, die Willensakten zugrunde liegen (synaptische Wahrscheinlichkeitsfelder, Mikrotubuli, elektrische Synapsen etc.; Eccles, 1994; Penrose, 1995). Es gibt aber bisher keinen überzeugenden Hinweis dafür, dass es im menschlichen Gehirn zumindest bei denjenigen Prozessen, die für die Verhaltenssteuerung relevant sind, indeterministisch zuginge. Nach heutiger Kenntnis gibt es durchaus Vorgänge auf zellulärer und molekularer Ebene des Gehirns, die den Anschein zufälliger Prozesse haben. Allerdings laufen solche Prozesse um viele Größenordnungen unterhalb der verhaltensrelevanten Ebene ab und mitteln sich nach Ansicht von Experten aus. Zudem sind viele Neurophysiologen der Meinung, dass auch die Ausschüttung eines einzelnen Transmitterpakets ein deterministisches, wenngleich sehr komplexes Phänomen darstellt.

Auch wenn die heutige Neurobiologie die Frage, ob und inwieweit zufällige Prozesse im Gehirn eine Rolle spielen, vorerst unbeantwortet lassen muss, stellt die schiere Komplexität der Hirnprozesse ein viel größeres Problem dar als mögliche indeterministische Vorgänge. Schließlich löst die Anschauung, der freie Wille könne sich über quantenphysikalischen Zufall äußern, das Problem der Willensfreiheit im klassischen Sinne nicht, denn dies würde nur bedeuten, dass im Gehirn der schlichte Zufall (mit-) regiert. Das aber wäre mit dem klassischen Begriff der Willensfreiheit, wie Kant ihn vertreten hat, unvereinbar.

Genau wie Hume gehen die moderne Psychologie und Hirnforschung von einem durchgängigen *Motivdeterminismus* aus. Dieser bedeutet, dass es in der menschlichen Psyche unbewusste, vorbewusste und bewusste Antriebe gibt, die teils miteinander, teils gegeneinander wirken und in ihrer Summe festlegen, was ein Mensch zu einem bestimmten Zeitpunkt tut (Roth/Strüber, 2014). Natürlich wusste Hume noch nicht, wie derartige Motive zustande kommen, wie sie mit Hirnprozessen zusammenhängen und wie sie auf unser Handeln einwirken. Die heutige Neurobiologie kann zumindest im Grundsatz zeigen, auf welche Weise Motive durch die Aktivitäten von Zentren des sogenannten limbischen Systems entstehen.

2.1 Die Vorbereitung und Steuerung von Willkürbewegungen

Grundsätzlich unterscheidet man in den Neurowissenschaften zwischen willentlichen und unwillentlichen Bewegungen. Zu den unwillentlichen Handlungen gehören alle:

- **Reflexe.** Das sind Handlungen, die nicht unserer aktuellen willentlichen Kontrolle unterliegen und die wir nur schwer ändern oder unterbrechen können – wie beispielsweise Husten, Niesen, Schlucken, Sprech-, Abwehr- und Ausgleichsbewegungen. Ausgelöst werden sie von Zentren im Hirnstamm oder im Rückenmark. Wir schreiben sie uns nicht als intendiertes Handeln zu und können nicht im strafrechtlichen Sinn dafür verantwortlich gemacht werden (Abbildung 1).

Seitenansicht des menschlichen Gehirns

Abbildung 1

Großhirnrinde mit ihren Windungen (Gyrus/Gyri) und Furchen (Sulcus/Sulci) und das ebenfalls stark gefurchte Kleinhirn

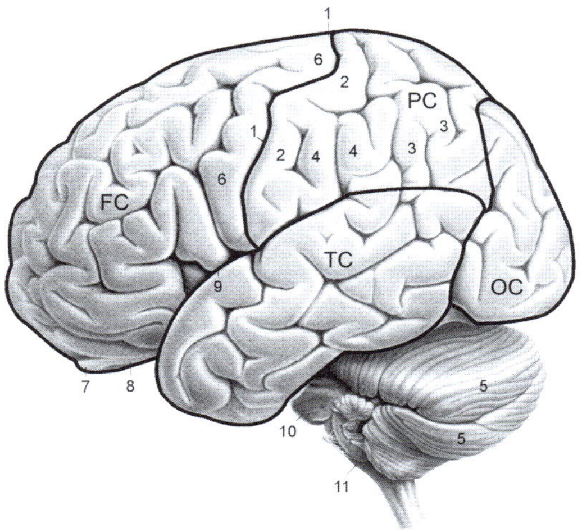

FC: frontaler Cortex (Stirnlappen); OC: occipitaler Cortex (Hinterhauptslappen); PC: Scheitellappen; TC: temporaler Cortex (Schläfenlappen);
1: Zentralfurche (Sulcus centralis); 2: Gyrus postcentralis; 3: Gyrus angularis; 4: Gyrus supramarginalis; 5: Kleinhirn-Hemisphären; 6: Gyrus praecentralis; 7: Riechkolben; 8: olfaktorischer Trakt; 9: Sulcus lateralis; 10: Brücke; 11: verlängertes Mark.

Eigene Darstellung auf Basis von Nieuwenhuys et al., 1991

Von den Reflexen zu unterscheiden sind:

- **Automatismen.** So bezeichnet man Bewegungen, die zu Beginn des Übens willkürlich kontrollierbar waren, später hochgradig eingeschliffen sind, sodass wir sie willentlich starten können, aber nicht mehr willentlich kontrollieren müssen. Beispiele dafür sind etwa Gehbewegungen. Die Steuerung von Automatismen erfolgt durch die Basalganglien (vornehmlich das Striato-Pallidum, das sich aus Nucleus caudatus, Putamen und Globus pallidus zusammensetzt; vgl. Abbildung 2). Die Basalganglien dienen als Handlungsgedächtnis, in dem alle Bewegungen abgespeichert sind, die wir einmal erfolgreich durchgeführt haben. Je mehr wir bestimmte Bewegungen üben, desto mehr verschalten sich spezielle Nervennetze in den Basalganglien, im motorischen Cortex und im Kleinhirn und desto glatter gehen sie uns von der Hand, ohne dass wir noch darüber nachdenken oder sie explizit wollen müssen (Roth, 2003).

Querschnitte durch das menschliche Gehirn

Abbildung 2

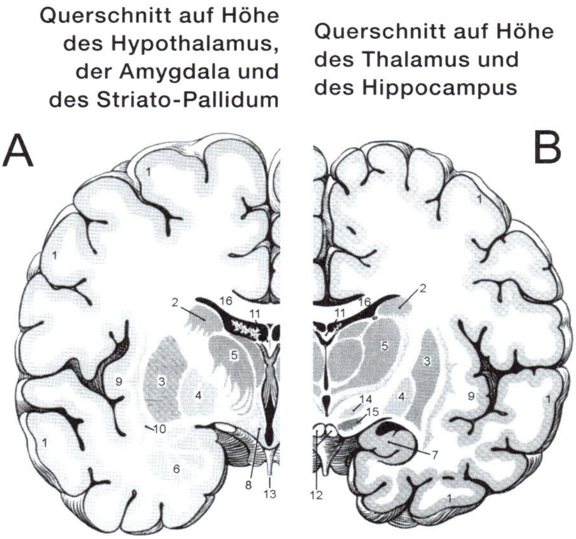

1: Neocortex; 2: Nucleus caudatus; 3: Putamen; 4: Globus pallidus; 5: Thalamus; 6: Amygdala; 7: Hippocampus; 8: Hypothalamus; 9: insulärer Cortex; 10: Claustrum; 11: Fornix (Faserbündel); 12: Mammillarkörper (Teil des Hypothalamus); 13: Infundibulum (Hypophysenstiel); 14: Nucleus subthalamicus; 15: Substantia nigra; 16: Balken (Corpus callosum).

Eigene Darstellung auf Basis von Kahle, 1976

Im Unterschied zu Reflexen und Automatismen entstehen willentliche Handlungen unter Beteiligung ausgedehnter Bereiche der bewusstseinsfähigen Großhirnrinde. Man nennt sie auch:

- **Willkürbewegungen.** Dazu gehören alle Handlungen, die wir willentlich beeinflussen können. An ihnen beteiligt sind der motorische Cortex (MC), der für die detaillierte Muskelansteuerung zuständig ist, sowie der laterale prämotorische Cortex (PMC), der mediale supplementär-motorische Cortex (SMA) und der präsupplementär-motorische Cortex (prä-SMA), die mit dem globaleren Handlungsablauf zu tun haben (Abbildungen 3 und 4). Um eine Bewegung in Gang zu setzen, wirken zunächst parietaler und präfrontaler Cortex, die mit der bewussten Handlungsplanung und -vorbereitung befasst sind, auf die prämotorischen und supplementärmotorischen Areale ein. Die dadurch ausgelösten Erregungen, die bewusst als Zustand des Wollens erlebt werden, aktivieren ihrerseits den motorischen Cortex. Er verursacht über die sogenannte Pyramidenbahn und motorische Rückenmarkszentren die Bewegung. Sobald wir eine Bewegung ausführen *wollen* oder sie uns nur *vorstellen*, sind bestimmte Hirnregionen, SMA und prä-SMA, aktiv. Sie bewirken, dass die Handlungsabsicht in eine zielgerichtete Aktivität einmündet:

Gliederung der seitlichen Hirnrinde

Abbildung 3

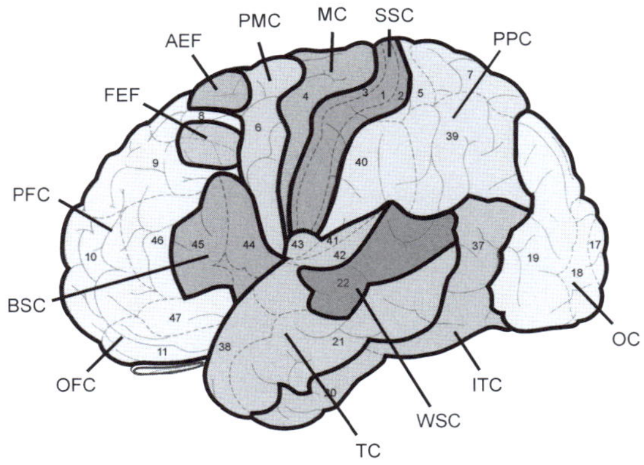

AEF: vorderes Augenfeld; BSC: Broca-Sprachzentrum; FEF: frontales Augenfeld; ITC: inferotemporaler Cortex; MC: motorischer Cortex; OC: occipitaler Cortex (Hinterhauptslappen); OFC: orbitofrontaler Cortex (unterer Stirnlappen); PFC: präfrontaler Cortex (vorderer Stirnlappen); PMC: lateraler prämotorischer Cortex; PPC: posteriorer parietaler Cortex; SSC: somatosensorischer Cortex; TC: temporaler Cortex (Schläfenlappen); WSC: Wernicke-Sprachzentrum; Zahlen geben die Einteilung in corticale Felder nach Brodmann an.

Eigene Darstellung auf Basis von Nieuwenhuys et al., 1991

Gliederung der inneren Hirnrinde

Abbildung 4

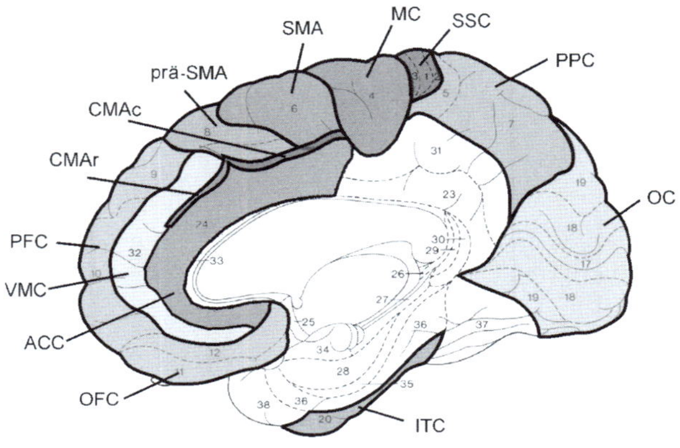

ACC: anteriorer cingulärer Cortex; CMAc: caudales cinguläres motorisches Areal; CMAr: rostrales cinguläres motorisches Areal; ITC: inferotemporaler Cortex (unterer Schläfenlappen); MC: motorischer Cortex; OC: occipitaler Cortex (Hinterhauptslappen); OFC: orbitofrontaler Cortex (unterer Stirnlappen); prä-SMA: prä-supplementär-motorisches Areal; PFC: präfrontaler Cortex (vorderer Stirnlappen); PPC: posteriorer parietaler Cortex (hinterer Scheitellappen); SMA: supplementär-motorisches Areal; SSC: somatosensorischer Cortex; VMC: ventromedialer Cortex (unterer innerer Stirnlappen); Zahlen geben die Einteilung in corticale Felder nach Brodmann an.

Eigene Darstellung auf Basis von Nieuwenhuys et al., 1991

Aus dem Plan wird ein Programm. Am Starten und Ausführen willentlicher Handlungen sind aber auch – wie bei den Automatismen – die Basalganglien beteiligt. Wahrscheinlich werden dadurch alle von der Großhirnrinde bewusst gewollten Handlungen mit dem unbewussten Handlungsgedächtnis abgestimmt. In der Regel setzen sich nämlich auch die bewusst gewollten Handlungen aus Teilbewegungen zusammen, die bereits eingeübt sind.

Welche Rolle kommt nun der Willensentscheidung in diesen Abläufen zu? Unserem Gefühl nach fällen wir zuerst eine bewusste Entscheidung, dann werden im Gehirn die Vorbereitungen für die entsprechende Bewegung eingeleitet. Für das klassische Verständnis von Willensfreiheit ist dies die unabdingbare Voraussetzung. Wann und wie könnte aber ein rein mentaler Willensakt in die komplexen neurologischen Prozesse eingreifen? Falls es eine Willensfreiheit in diesem Sinne gäbe, müsste der Zeitpunkt der Entscheidung vor dem Beginn derjenigen Prozesse liegen, die im Gehirn unmittelbar und determinierend zu einer bestimmten Willkürbewegung (WB) führen. Auch ein zeitliches Zusammenfallen von Willensakt und Beginn der Vorbereitung der WB wäre noch akzeptabel. Tritt jedoch der Willensakt erst nach dem Beginn der WB auf, wird die übliche Deutung von Verursachung und Wirkung auf den Kopf gestellt. Und mit welchen Methoden wäre das Zusammenspiel von willentlicher Entscheidung und Willkürbewegung empirisch nachweisbar?

Was ist das Bereitschaftspotenzial?

Das **Bereitschaftspotenzial (BP)** ist ein Phänomen, das vor willkürlichen Bewegungen in bestimmten Arealen der Großhirnrinde auftritt. Es kann mithilfe eines EEG-Geräts (EEG – Elektroenzephalogramm) relativ einfach an der Kopfoberfläche registriert werden. Dabei kommt es zu einer langsamen (das heißt einer sich über mehrere Sekunden entwickelnden) negativen Erregung, Potenzial genannt. Negative langsame Potenziale in der Großhirnrinde bedeuten nach allgemeiner Auffassung eine Aktivierung. Das Bereitschaftspotenzial wird folglich als Ausdruck von Aktivierungs- und Vorbereitungsprozessen interpretiert.

Da es im Vergleich zu anderer Gehirnaktivität schwach ist, konnte es in den frühen Versuchen nicht einfach zum Zeitpunkt seines Auftretens gemessen und ausgewertet werden, sondern musste über eine Vielzahl von Versuchsdurchläufen gemittelt werden. Die entsprechenden Angaben über den Zeitpunkt, an dem das Potenzial auftritt, sind demnach stets Durchschnittswerte. Sie zeigen: Das Bereitschaftspotenzial beginnt 1 bis 2 Sekunden *vor* einer Willkürbewegung, die im Elektromyogramm (EMG) durch das Auftreten bestimmter Muskelaktivitäten sichtbar gemacht werden kann.

Das BP wurde erstmals in den 1960er Jahren von den Neurologen Hans Kornhuber und Lüder Deecke beschrieben (Kornhuber/Deecke, 1965). Sie ließen Versuchspersonen spontane Fingerbewegungen ausführen und zeichneten dabei ein EEG auf.

Das Bereitschaftspotenzial besteht aus zwei zeitlich aufeinanderfolgenden Komponenten (Abbildung 5):

- dem **symmetrischen** BP, das in beiden Großhirnhemisphären zu registrieren ist und als Ausdruck der generellen Bereitschaft, eine bestimmte Bewegung auszuführen, gedeutet wird (vorbereitender Impuls), und
- dem **lateralisierten**, asymmetrisch verlaufenden BP, das über derjenigen Hirnhälfte auftritt, die dem zu bewegenden Körperteil gegenüberliegt (kontralaterale Hemisphäre). Es gilt als bewegungseinleitender Impuls.

Entstehung des Bereitschaftspotenzials (BP) vor einer Fingerbewegung

Abbildung 5

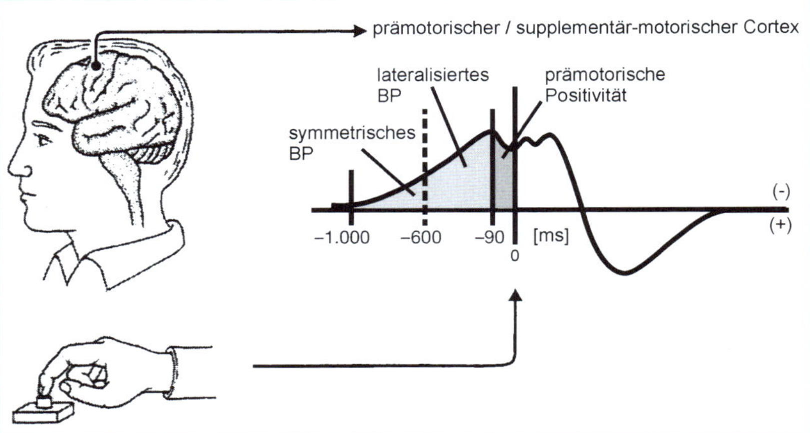

Neurone im prämotorischen und supplementär-motorischen Cortex beginnen 1 bis 2 Sekunden vor der Bewegung, aktiv zu werden. Zuerst entsteht das symmetrische Bereitschaftspotenzial (BP). Etwa 600 Millisekunden (ms) vor der Bewegung beginnt der Aufbau des lateralisierten Bereitschaftspotenzials. Die motorischen Neurone, welche die eigentliche Bewegung steuern, feuern ungefähr 90 Millisekunden vor Bewegungsbeginn (= Zeitpunkt 0).

Eigene Darstellung auf Basis von Kandel et al., 1996

Während das symmetrische Bereitschaftspotenzial 1 bis 2 Sekunden vor der intendierten Bewegung beginnt, setzt das lateralisierte BP 600 Millisekunden vor der Muskelaktivität ein. Mit ihm wird die konkrete Abfolge der neuromuskulären Erregungen festgelegt, die für die intendierte Bewegung notwendig sind. (In abgeschwächter Form tritt es jedoch auch bei automatisierten, nicht willkürlichen Bewegungen auf.) Der Beginn des lateralisierten Bereitschaftspotenzials deutet also die unmittelbare Einleitung einer bestimmten Bewegung an und ist zumindest ab 300 Millisekunden vor dem Eintritt dieser Bewegung nicht mehr zu stoppen.

2.2 Das Libet-Experiment und seine Folgen

Um das Einwirken einer „rein geistigen" Kraft auf Entscheidungsprozesse im Gehirn nachzuweisen, führte der Neurobiologe Benjamin Libet (1961–2007) zu Beginn der 1980er Jahre mit seinen Mitarbeitern eine Reihe berühmt gewordener Experimente durch. Dabei nutzte er die Erkenntnisse, die man bis dahin über die Eigenschaften des Bereitschaftspotenzials gewonnen hatte (vgl. Kasten: „Was ist das Bereitschaftspotenzial?"). Libet, der unter anderem mit dem bereits genannten Neurophysiologen und Nobelpreisträger John C. Eccles in Australien zusammenarbeitete, war wie dieser überzeugter Katholik und Anhänger der Idee der Willensfreiheit im alternativistischen Sinne. Von seinen Forschungen erhoffte er sich den empirischen Beleg für das Vorhandensein des freien Willens.

Bei seinem Versuchsaufbau ging es Libet darum, eine Methode zu finden, mit der die zeitliche Beziehung zwischen dem Willensakt und dem Beginn des Bereitschaftspotenzials bestimmt werden konnte. Er kam auf die Idee, die Versuchspersonen mithilfe einer Art Oszilloskop-Uhr den genauen Zeitpunkt einer (subjektiven) Bewegungsentscheidung bestimmen zu lassen und ihre Angaben mit den entsprechenden (objektiven) BP-Messwerten zu vergleichen.

Konkret sah das so aus: Die Versuchspersonen blickten auf eine Uhr, die ein rotierender Lichtpunkt in jeweils 2,56 Sekunden umkreiste. Zu genau dem Zeitpunkt, an dem sie den Entschluss zur Bewegung des Fingers fassten, mussten sie sich die Position des Lichtpunkts auf der Uhr merken. Der Beginn der Bewegung wurde über das Elektromyogramm gemessen. In einer ersten Serie mussten die Testpersonen *den Zeitpunkt des Entschlusses* (W) bestimmen, in einer zweiten Serie den *Zeitpunkt der Empfindung der Bewegung* (M) und in einer dritten den Zeitpunkt der *Empfindung eines somatosensorischen Reizes*. Bei diesen von Libet und seinen Mitarbeitern durchgeführten Versuchen wurde ausschließlich das symmetrische Bereitschaftspotenzial gemessen (vgl. Abbildung 5, Kapitel 2.1).

Die Auswertung der Experimente ergab, dass das Bereitschaftspotenzial einer vorgeplanten Bewegung (BP I) durchschnittlich 800 Millisekunden, das einer nicht vorgeplanten Bewegung (BP II) durchschnittlich 350 Millisekunden dem Willensentschluss (W) *vorausging*, niemals mit ihm zeitlich zusammenfiel oder ihm etwa folgte (Abbildung 6). Libet zog daraus den – für ihn persönlich enttäuschenden – Schluss, dass willkürliche Entscheidungen das Bereitschaftspotenzial nicht auslösen können. Folglich wäre eine Bewegung nie das Ergebnis eines Willensentschlusses.

Libet äußerte daraufhin die Vermutung, dass unsere Willenshandlungen von unbewussten, subcorticalen Instanzen im Gehirn vorbereitet werden und somit nicht völlig frei sind. Er schrieb dem Bewusstsein jedoch ein Veto-Recht zu, mit dem jede Person in der Lage ist, ein einmal gestartetes Bereitschaftspotenzial bis zu einem Zeitpunkt von etwa 300 Millisekunden vor einer Bewegung noch abzublocken. Die ursprünglich intendierte Bewegung würde somit kurzfristig unterdrückt (Libet, 1999).

Existiert also Willensfreiheit nur in dem Sinne, dass wir frei sind, etwas *nicht* zu wollen? Mit diesem Thema hat Libet sich in dem kurz vor seinem Tod erschienenen Buch „Mind time: Wie das Gehirn Bewusstsein produziert" (Libet, 2005) auseinanderge-

Abfolge der Ereignisse vor einer selbstinitiierten Handlung nach Libet

Abbildung 6

in Millisekunden (ms)

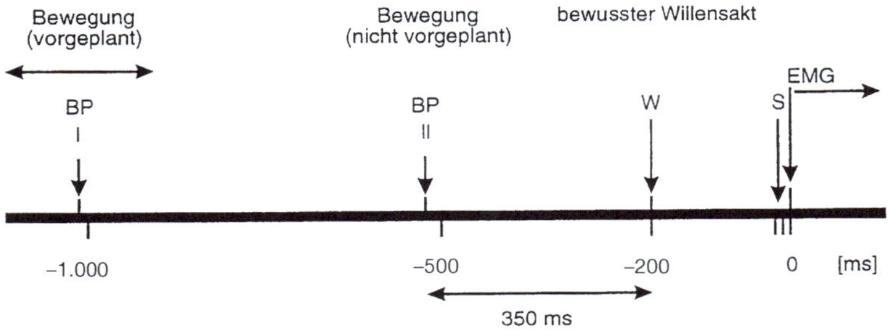

Die Muskelaktivität, registriert durch das Elektromyogramm (EMG), setzt bei 0 ein. Bei vorgeplanten Bewegungen tritt das Bereitschaftspotenzial (BP I) um 1.000 Millisekunden vorher ein, bei nicht vorgeplanten oder spontanen Bewegungen um 500 Millisekunden (BP II). Das subjektive Erleben des Willensaktes (W) tritt um 200 Millisekunden vor Bewegungsbeginn auf, also deutlich nach Beginn der beiden Typen von Bereitschaftspotenzialen. Das subjektive Erleben eines Hautreizes (S) stellt sich um 50 Millisekunden vor der tatsächlichen Reizung ein. Das heißt: Die von Libet ebenfalls entdeckte Vordatierung von Sinnesreizen kann nicht für das Auftreten der Bereitschaftspotenziale vor dem Willensakt verantwortlich sein.

Eigene Darstellung auf Basis von Libet et al., 1983

setzt. Die vermeintliche Existenz eines solchen Veto-Rechtes – die wohl vornehmlich seinem Wunschdenken entsprungen war – sah er als minimale Rettung der Willensfreiheit an. Allerdings wurde gleichzeitig kritisiert, dass es sich um eine wahrhaft merkwürdige Variante von Willensfreiheit handeln müsse, die darin besteht, dass man bestimmte Aktivitäten zwar nicht willentlich auslösen, jedoch willentlich unterdrücken kann.

Libets Experimente und seine Interpretation dazu wurden bis heute heftig diskutiert (Libet, 1985; Geyer, 2004). Ernstzunehmende Kritik kam auch von solchen Autoren, die generell der Idee der Willensfreiheit im bereits genannten alternativistischen Sinne ablehnend gegenüberstanden und -stehen (vgl. Rösler, 2008). Die Einwände waren überwiegend methodischer Art und bezogen sich im Wesentlichen auf folgende Punkte:

– **Zeitliche Ungenauigkeit.** Es ist schwierig, den Zeitpunkt des Willensaktes (Libets „W") subjektiv genau zu bestimmen und ihn überdies mit der objektiven

Zeitmessung des Bereitschaftspotenzials in Beziehung zu setzen. Die zeitlichen Einschätzungen der Versuchspersonen schwankten um eine halbe Sekunde; außerdem musste man eine gewisse Verzögerung durch die visuelle Reizverarbeitung (Wahrnehmung des Zeigerstandes) hinzurechnen. Zudem war zu der Zeit, als Libet seine Versuche durchführte, der Beginn des BP nur durch vielfache Mittelung zu bestimmen. (Dieses Verfahren ist heute nicht mehr nötig, da man inzwischen in der Lage ist, das BP bei einem einzigen Auftreten zu messen.)

- **Automatischer Ablauf der Reaktion.** Umstritten war auch die implizite Annahme, dass die motorische Reaktion bereits zu Beginn des Bereitschaftspotenzials strikt festgelegt sei. Dies ist aber nicht selbstverständlich, denn wie erwähnt verläuft die von Libet gemessene erste Phase des Bereitschaftspotenzials symmetrisch, die zweite Phase dagegen asymmetrisch-kontralateral. Es war also anzunehmen, dass zum symmetrischen BP noch etwas hinzukommen müsse, ehe die Reaktion tatsächlich ausgelöst wird – und dies könnte hypothetisch der freie Wille sein. Heute wissen wir, dass es sich dabei vornehmlich um die Aktivität der Basalganglien und des Kleinhirns handelt.

- **Keine Wahlhandlung.** Ein besonders gewichtiges Argument der Libet-Kritiker war schließlich, dass es sich bei den im Experiment beobachteten Bewegungen um sehr einfache und hochgradig eingeschliffene Reaktionen handelte. Die Versuchspersonen hätten nicht über die Art der Ausführung entschieden, sondern nur vorgegebene Bewegungen gestartet. Libet habe also nur den Ablauf einer hochautomatisierten Reaktion, aber keineswegs eine Willensentscheidung im Sinne einer Wahlhandlung untersucht, lautete der Vorwurf. Es sei keine Entscheidung gemessen worden, sondern das Auslösen einer vorgefassten und lange vorbereiteten Aktion.

Unter Berücksichtigung dieser Einwände wiederholten in den 1990er Jahren die Psychologen Patrick Haggard und Martin Eimer die Libet'schen Versuche in modifizierter Form (Haggard/Eimer, 1999). Zum einen maßen sie neben dem symmetrischen auch das lateralisierte Bereitschaftspotenzial. Zum anderen erweiterten sie die Versuchsanordnung: Die Testpersonen konnten zu einem frei gewählten Zeitpunkt innerhalb von 3 Sekunden eine vorgegebene Taste drücken (Fixed Choice) *und* sich entscheiden, die linke oder die rechte Taste zu drücken (Free Choice). Auch dies ist natürlich keine aufwendige Willensentscheidung, aber immerhin etwas mehr als das bloße Triggern einer feststehenden Reaktion. Schließlich versuchten Haggard und Eimer noch festzustellen, ob und in welchem Maß der Zeitpunkt der Wahl mit dem Beginn des symmetrischen oder des lateralisierten BP korrelierte und ob dies bei der fixierten und der freien Wahl unterschiedlich ausfiel. Ihre Ergebnisse:

- Die *Art* der Wahl (fixiert oder frei) beeinflusste die Reaktions*dauer* nur geringfügig: Die subjektiv berichteten Zeitpunkte einer fixierten beziehungsweise einer freien Wahl lagen durchschnittlich 355 beziehungsweise 353 Millisekunden vor dem Beginn der Reaktion, wichen also kaum voneinander ab.

- Auch der Beginn des lateralisierten BP wurde kaum davon beeinflusst, ob die Testpersonen sich für die freie oder die vorgegebene Wahl entschieden: Es setzte 798 Millisekunden vor der freien und 895 Millisekunden vor der fixierten Wahl ein.

- In jedem Fall lag der Beginn des lateralisierten BP deutlich, und zwar um durchschnittlich 350 Millisekunden, *vor* dem Zeitpunkt des subjektiv empfundenen Willensentschlusses.

- Bei frühen Entscheidungen (etwa 530 Millisekunden vor Beginn der Reaktion) setzte auch das lateralisierte Bereitschaftspotenzial früher ein, und zwar bei etwa 906 Millisekunden. Bei späten Entscheidungen (unter 180 Millisekunden vor der Reaktion) begann es entsprechend später, nämlich bei 713 Millisekunden. Dieser Zusammenhang war hochsignifikant, während das symmetrische BP nicht mit einem späten oder frühen Entscheidungszeitpunkt korrelierte.

Diese Ergebnisse bestätigten Libets Befunde in ihrer Grundaussage und spezifizierten sie. Es schien zweifelsfrei belegt, dass unter den gegebenen Bedingungen der Entschluss, eine bestimmte vorgegebene oder frei zu wählende einfache Bewegung auszuführen, mehrere 100 Millisekunden *nach* Beginn des lateralisierten Bereitschaftspotenzials auftritt und dabei eindeutig einem entsprechend frühen oder späten Beginn dieses Potenzials folgt. Hier ist die bereits erwähnte Tatsache besonders zu beachten, dass das lateralisierte Bereitschaftspotenzial der ausgelösten Bewegung nicht nur kürzer, sondern auch spezifischer vorhergeht als das symmetrische, und dass die mit ihm erfasste Aktivität nach allem, was wir wissen, die Bewegung in ihren Details festlegt.

Wir müssen also davon ausgehen, dass sich unter den gegebenen Versuchsbedingungen das Gefühl, etwas *jetzt* zu wollen (der Willensruck, das *fiat!* der Handlungspsychologen), erst nach Beginn des lateralisierten Bereitschaftspotenzials entwickelt. Die erste Komponente, das symmetrische Bereitschaftspotenzial, baut sich weit vor dem eigentlichen Willensakt auf. Dieser tritt erst auf, *nachdem* sich das Gehirn bereits entschieden hat, welche Bewegung es ausführen wird.

Nach den Forschungsergebnissen von Haggard und Eimer ist dieser Zusammenhang nicht nur charakteristisch für das Auslösen einer vorbereiteten Reaktion, sondern auch für eine echte, wenngleich einfache Wahlhandlung. Bei der klassischen Erörterung des Problems der Willensfreiheit (vgl. Kapitel 1) geht es ja um die Frage, ob man völlig frei zwischen zwei Alternativen wählen kann. Dabei ist es letztlich gleichgültig, ob es sich um den linken oder rechten Tastendruck oder um das Verkaufen oder Nichtverkaufen eines Aktienpaketes handelt. Entscheidend ist, dass die Akteure in beiden Situationen das Gefühl haben, eine freie Entscheidung zu treffen – und das ist in den Experimenten von Haggard und Eimer eindeutig der Fall.

2.3 Experimente jüngeren Datums

Ein methodischer Nachteil der Ergebnisse aus den bisher geschilderten Untersuchungen war, dass diese auf einem Vergleich des Zeitpunkts der willentlichen Entscheidung und des über das EEG gemessenen Bereitschaftspotenzials beruhten. Man nahm und nimmt an, dass das Bereitschaftspotenzial unter dem Einfluss der Basalganglien und des Kleinhirns vornehmlich von SMA und prä-SMA generiert wird, die mit Handlungsintentionen zu tun haben und von John C. Eccles als der Einwirkort des rein geistigen Willens auf das Gehirn interpretiert worden waren (Eccles, 1994). Unklar blieb, ob SMA und insbesondere prä-SMA der zerebrale Ort der Entscheidung selbst waren, sei diese unbewusst oder bewusst, oder ob diese Regionen unter der Kontrolle höherer Entscheidungsinstanzen im Gehirn standen, die aber nicht im Bereitschaftspotenzial sichtbar wurden.

Diese Frage wurde vor einigen Jahren von einer Berliner Arbeitsgruppe unter Leitung von John-Dylan Haynes mithilfe der funktionellen Kernspintomografie (fMRI) angegangen, wobei sich durch ein spezielles Auswerteverfahren der Hirnaktivität auch solche Aktivitäten entdecken lassen, die bisher in der Gesamtaktivität eines bestimmten Hirnareals untergingen. In einem den Libet-Experimenten ähnlichen Ansatz mussten die Versuchspersonen im Lauf einer Abfolge von Buchstaben auf einem Bildschirm spontan entscheiden, einen rechten oder linken Knopf zu drücken, und sie mussten sich denjenigen Buchstaben merken, bei dessen Erscheinen sie den Entschluss „links“ oder „rechts“ getroffen hatten (das ist leichter als das Merken eines Zeigerstandes).

Es zeigte sich, dass der willentlichen Entscheidung bis zu 10 Sekunden unbewusste Aktivitäten in zwei Hirnregionen vorausgingen, nämlich dem frontopolaren, also im vordersten Stirnhirn liegenden, und dem hinteren cingulären, im Bereich des Scheitellappens liegenden Cortex. Im bereits genannten prä-SMA ging in ähnlicher, jedoch schwächerer Weise ebenfalls eine Aktivität dem Willensentschluss voraus, wenngleich kürzer, und folgte ihm, während der motorische Cortex ziemlich genau mit dem Willensentschluss zeitlich übereinstimmte. Wichtig war, dass man mit einer hohen Wahrscheinlichkeit aus der Kenntnis der rechten und linken frontopolaren und cingulären Aktivität vorhersagen konnte (also innerhalb weniger Sekunden), welchen Knopf die Versuchspersonen drücken würden.

Allerdings konnte auch hier der Vorwurf erhoben werden, es handle sich immer noch um relativ einfache motorische Entscheidungen, das heißt ums Drücken eines linken oder rechten Knopfs. Was jedoch ist mit „rein geistigen“ Entscheidungen? Auch dieses Problem wurde von der Berliner Arbeitsgruppe kürzlich angegangen (Soon et al., 2013). In diesen Experimenten mussten sich die Versuchspersonen innerhalb eines bestimmten Zeitrahmens möglichst spontan entscheiden, ob sie zwei einstellige Zahlen, die zu einem bestimmten Zeitpunkt auf dem Bildschirm erschienen, addierten oder subtrahierten. Wiederum mussten sie sich innerhalb einer Serie von Buchstaben denjenigen merken, der im Augenblick des spontanen Willensentschlusses zur Addition oder Subtraktion auf dem Bildschirm erschien. Obwohl hierbei nun keinerlei muskuläre Reaktionen nötig waren, gab es 4 bis 8 Sekunden vor dem Willensentschluss eine deutliche Aktivität im frontopolaren Cortex (also dem vordersten Teil des Frontalhirns) und posterioren cingulären Cortex im Parietallappen. Diese Aktivität korrelierte wiederum signifikant mit der Natur des Entschlusses und sagte diesen entsprechend voraus.

Es kann also aus neurobiologischer Sicht keine Zweifel mehr daran geben, dass auch bewusste und rein mentale Entscheidungen (wie die zwischen Addition oder Subtraktion) von spezifisch ablaufenden unbewussten Prozessen in der Großhirnrinde und auch in subcorticalen Zentren vorbereitet und festgelegt werden. Dabei gehen unbewusste Aktivitäten im SMA und prä-SMA, die sich im Bereitschaftspotenzial ausdrücken, der bewussten Entscheidung um 1 bis 2 Sekunden voraus, wie dies Benjamin Libet gefunden hatte, während andere corticale Bereiche wie der frontopolare und posteriore cinguläre Cortex noch früher (4 bis 10 Sekunden) aktiv sind. Da diese wiederum unter dem Einfluss subcorticaler Hirnzentren wie Amygdala und Nucleus accumbens sowie der Basalganglien und des Kleinhirns stehen, ist anzunehmen, dass diese letzteren Zentren noch früher aktiv sind.

2.4 Das Veto-Problem

Als Problem bleibt noch das bereits genannte berühmte „Veto" von Benjamin Libet. Libet hatte (vgl. Kapitel 2.2) explizit behauptet, dieses Veto im letzten Augenblick zur Verhinderung einer Bewegung sei im Gegensatz zu deren Ausführung von keinerlei Hirnaktivität vorbereitet oder begleitet, sei also tatsächlich rein geistiger Natur. Das hat auf philosophische Verteidiger der Willensfreiheit großen Eindruck gemacht, auch wenn die Natur dieses Vetos ziemlich merkwürdig war, denn es konnte intendierte Bewegungen nur verhindern, aber nicht starten.

Allerdings konnte schon damals der Experte aus den von Libet und seinen Mitarbeitern publizierten Daten den Schwachpunkt einer solchen Interpretation sofort erkennen, denn es zeigte sich, dass bei einem Veto das über SMA und prä-SMA registrierte Bereitschaftspotenzial flach blieb und nicht die kritische Grenze überschritt; daher konnte auch keine Bewegung ausgelöst werden. Wer dafür verantwortlich war, ließ sich damals nicht feststellen, und aus dem Mangel an ersichtlicher Hirnaktivität schloss Libet auf den „reinen Geist" als Verursacher.

Neuere Untersuchungen mithilfe von Messungen des Bereitschaftspotenzials sowie mithilfe der funktionellen Kernspintomografie zeigen hingegen, dass auch dem bewussten Veto eindeutig eine spezifische unbewusste Aktivität im präfrontalen Cortex vorhergeht, die dann dazu führt, dass das prä-SMA in seiner Aktivität nicht die kritische Schwelle überschreitet (Zusammenfassung in Kühn et al., 2009). Man kann also die ganze Veto-Diskussion getrost als Ad-hoc-Erklärung Libets ad acta legen.

3 Die Steuerung von Willkürhandlungen aus neurobiologischer Sicht

Ich möchte die gegenwärtigen Vorstellungen der Neurobiologie über die Steuerung von Handlungen, die wir als freie Willenshandlungen beziehungsweise als Ergebnis freier Entscheidungen erleben, folgendermaßen zusammenfassen (Abbildung 7):

Willkürhandlungen werden von unbewussten, intuitiven oder bewussten Motiven bestimmt, wobei bei stark automatisierten Handlungen die unbewussten und intuitiven Motive überwiegen, während bei bewusst geplanten Handlungen, also Willkürbewe-

Steuerung der Willkürhandlungen

Abbildung 7

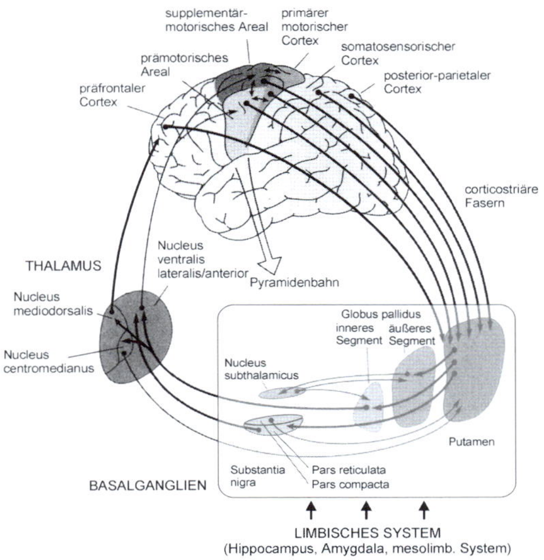

Die subcorticalen Zentren sind zu Illustrationszwecken außerhalb des Gehirns gezeichnet, befinden sich aber in der Tiefe des Gehirns (vgl. Abbildung 2, Kapitel 2.1). Nervenbahnen (corticostriäre Fasern) ziehen von verschiedenen Teilen der Großhirnrinde zu den Basalganglien (umrandet), von dort aus zum Thalamus und schließlich zurück zum präfrontalen, motorischen, prämotorischen und supplementär-motorischen Cortex. Vom motorischen und prämotorischen Cortex aus zieht die Pyramidenbahn zu Motorzentren im Rückenmark, die unsere Muskeln steuern. Bewusst (im Stirnhirn) geplante Handlungen gelangen über die Pyramidenbahn nur dann zur Ausführung, wenn sie vorher die Schleife zwischen Cortex, Basalganglien und Thalamus durchlaufen haben und hierbei die Basalganglien der beabsichtigten Handlung „zugestimmt" haben. Die Basalganglien ihrerseits werden von Zentren des limbischen Systems kontrolliert.

Quelle: Roth, 2007

gungen im bereits genannten Sinne, bewusste Motive trivialerweise eine wichtige Rolle spielen. Allerdings gibt es zwar hochautomatisierte und stark intuitive Handlungen ohne bewusste Reflexion, aber keine bewusst geplanten und ausgeführten Handlungen ohne unbewusste und intuitive Motive. Letztere bilden also einen unabdingbaren Rahmen für bewusste Motive.

Wenn wir uns in einer bestimmten Situation befinden, in der eine bewusste Entscheidung oder Handlungsplanung angesagt ist, dann werden automatisch zusammen mit bewussten Wahrnehmungen und Gedanken solche unbewussten und intuitiven Motive aufgerufen. Diese bestimmen dann als grundlegende unbewusste Handlungsmotive oder als verdichtete Erfahrungen stark die Richtung und den Entscheidungsraum unserer bewussten Abwägungen, das heißt, manche Alternativen werden uns erst gar nicht bewusst, andere werden sofort verworfen, während wiederum andere in den Vordergrund rücken. Dies geschieht dadurch, dass zum einen die unbewussten Zentren des Gehirns wie Amygdala und Nucleus accumbens starke Erregungen an die Zentren der bewussten Handlungsplanung im oberen und unteren Stirnhirn senden. Von dieser starken Beeinflussung durch *unbewusste Motive* merken wir allerdings nichts, höchstens wundern sich Außenstehende, dass uns bestimmte Gedanken, Vorstellungen und Wünsche gar nicht kommen, die sie für selbstverständlich halten. Zum anderen werden aus dem *Vorbewussten*, das heißt den aktuell nicht bewussten Inhalten des Langzeitgedächtnisses, passende Inhalte aufgerufen, die wir dann entweder präzise bewusst oder als Ahnung und Tendenz erfahren.

Detaillierte Studien zu Entscheidungsprozessen, wie sie schon vor über 100 Jahren von Vertretern der sogenannten Würzburger Denkpsychologie (vor allem von Oswald Külpe) durchgeführt wurden, zeigen, dass die scheinbar rein gedankliche Reflexion in Wirklichkeit aus einer Aneinanderreihung tatsächlich rationaler, intuitiver und unbewusster und daher gar nicht direkt wahrgenommener Versatzstücke besteht. Dabei werden die entsprechenden Motive zugunsten unterschiedlicher Handlungsalternativen auf eine komplizierte Weise innerhalb eines ausgedehnten Netzwerks von Millionen von Nervenzellen gegeneinander abgewogen. Wir erleben dies zum Beispiel als ein Wechselspiel der Überlegungen. Hier interagieren insbesondere die subcorticalen und die corticalen limbischen Areale als Orte früherer emotionaler und motivationaler Erfahrungen miteinander.

In den meisten Fällen kommt es dann zu einem Überwiegen von Motiven zugunsten einer bestimmten Handlung. An dieser Stelle tritt der Willensakt auf, der aus handlungspsychologischer Sicht aus einer Fokussierung der Motivationslage und dem Ausblenden konkurrierender Handlungsimpulse besteht (Heckhausen, 1987): Es wird mir klar, was ich tun *will!* Der Wille ist also kein Akteur, sondern ein funktionaler fokussierender Zustand im Rahmen des Entscheidungsprozesses. Dabei sind mir – wie David Hume bereits feststellte – die einzelnen Motive, die dem Willen zugrunde liegen, nur zum (oft geringen) Teil bewusst.

Im Gehirn entspricht dies der deutlichen Aktivitätserhöhung im unteren und inneren Stirnhirn. Es erfolgt dann eine Prüfung der Realisierungsmöglichkeiten der Handlungsabsicht durch das „rationale“ obere Stirnhirn (dorsolateraler präfrontaler Cortex), wobei hierbei wiederum die limbischen Areale mitteilen, in welchem Maße diese Realisierungsmöglichkeiten erwünschte oder unerwünschte Folgen und Begleiterscheinungen haben. Diese werden in Rechnung gestellt.

Vor dem endgültigen „Schritt über den Rubikon“ (Heckhausen, 1987), das heißt vor den entscheidenden Kommandos, gibt es eine *Letztabfrage* des unbewussten limbischen Systems (Basalganglien, Amygdala, Nucleus accumbens) dahingehend, ob im Lichte der gesamten persönlichen Erfahrung das Geplante so und jetzt getan werden soll. Dies geschieht durch die Ausschüttung des Botenstoffs (Transmitters) Dopamin von Nervenfortsätzen eines kleinen Zentrums der Basalganglien, der Substantia nigra, in das Striato-Pallidum als unbewussten Handlungsorganisator. Die Substantia nigra steht ihrerseits unter Kontrolle von Amygdala und Nucleus accumbens als den entscheidenden emotionalen Bewertern im Gehirn. Dieser Dopaminausstoß ist dann das Signal, dass dasjenige, was bewusst geplant wurde, mit unserer Erfahrung übereinstimmt. Genauer gesagt wird hierdurch eine bestimmte Handlungssequenz *enthemmt*, während alle Alternativbewegungen *gehemmt* werden (Details in Roth, 2003).

Nach diesem „Jawort“ des unbewussten limbischen Systems baut sich in der prämotorischen Großhirnrinde das geschilderte Bereitschaftspotenzial auf, und zwar unter Mitwirkung der beschriebenen corticalen Entscheidungszentren im unteren und oberen Stirnhirn. Über den Aufbau des Bereitschaftspotenzials werden SMA und prä-SMA aktiviert, was dann zum bewussten Gefühl führt, dass man etwas Bestimmtes *will*. Danach werden der prämotorische und der hintere parietale Cortex aktiviert, die die gröberen Bewegungsabläufe festlegen, sowie der motorische Cortex, der für die detaillierte Muskelansteuerung zuständig ist. Der prämotorische und der motorische Cortex steuern dann zusammen mit den Basalganglien, dem Kleinhirn sowie anderen motorischen Zentren des Gehirns über das Rückenmark die Bewegung.

Aus psychologischer Sicht dient dieser komplizierte Ablauf dem Ziel, dass die unbewussten, intuitiven und bewussten Motive hinreichend *miteinander abgeglichen* werden. Entsprechend können wir Dinge zum einen hochautomatisiert und ohne Nachdenken tun, wenn den unbewussten oder intuitiven Motiven keine bewussten Motive entgegenstehen. Zum anderen können wir aber keine Dinge tun, denen starke unbewusste oder intuitive Motive entgegenstehen, da in diesem Fall keine Freigabe durch das Dopaminsignal der Basalganglien erfolgt. Dies erklärt, dass wir viele Dinge tun, die wir explizit gar nicht wollen müssen, aber viele andere Dinge *nicht* tun, obwohl wir sie bewusst wollten. Letztere werden unter dem Einfluss subcorticaler Zentren offenbar verdrängt und „vergessen“ (vgl. Wegner, 2002).

4 Warum haben wir die Illusion des freien Willens?

Wir haben festgestellt, dass *alle* unsere Handlungen von einem über das ganze Gehirn verteilten Netzwerk limbisch-emotionaler, kognitiver, exekutiver, das heißt handlungsvorbereitender, und motorischer Zentren gesteuert werden, die teils unbewusst, teils intuitiv und teils bewusst arbeiten. Nirgendwo in diesem gigantischen Netzwerk gibt es eine oberste Instanz, die unsere Handlungen bestimmt, ohne selbst bestimmt zu werden, wie Kant dies konzipiert hatte. Insofern ist unser Gefühl, wir seien bei Willenshandlungen der Urheber („der Herr im Hause"), eine *Illusion*. Das trifft auch für die bewusst geplanten Handlungen zu, denn – wie wir gehört haben – werden auch diese bewussten Überlegungen von unbewussten Inhalten vorbereitet. Woher aber kommt dieses illusionäre Gefühl?

Die wichtigste Grundlage ist die sogenannte sensomotorische Rückmeldung bei allen Bewegungen, die wir ausführen. Diese kommt dadurch zustande, dass vor Beginn einer Handlung zusammen mit der Erstellung von entsprechenden Kommandos an die Muskeln ein *Voraussagemodell* derjenigen Rückmeldungen von Haut, Muskeln, Sehnen und Gelenken erstellt wird, die zu erwarten sind, wenn die Bewegung wie geplant ausgeführt wird (Jeannerod, 1997; 2002; Blakemore et al., 2002; Lau et al., 2004). Man nennt dies eine *Efferenzkopie*. Diese entsteht wahrscheinlich im Scheitellappen. Wir empfinden entsprechend eine Bewegung als von uns verursacht – und zwar unabhängig davon, ob wir sie bewusst gewollt oder automatisiert ausgeführt haben –, *wenn alles so abläuft, wie intendiert*: Ich will, dass meine Hand sich zur Kaffeetasse bewegt; sie tut dies, und deshalb ist dies *meine*, weil von mir (scheinbar) verursachte Handlung.

Gibt es hierbei jedoch stärkere Abweichungen zwischen dem Voraussagemodell und dem tatsächlichen Ablauf aufgrund von Defekten im Gehirn oder im Bewegungsapparat, so tritt das Gefühl der *Fremdheit* der Bewegung auf bis hin zur Leugnung der Autorschaft für die entsprechende Bewegung. Experten nehmen bei Schizophrenen eine derartige zerebrale Störung der Selbststeuerung als Ursache für die Leugnung der Autorschaft von Gedanken, Handlungen oder der Meinigkeit von Körperteilen oder gar des ganzen Körpers an. Diese Patienten hören „fremde Stimmen", sie berichten davon, dass sie „fremde" Gedanken denken oder „aufgezwungene" Handlungen ausführen, oder sie glauben, im „falschen Körper" zu stecken (Frith, 1987). Ein ähnliches Gefühl „fremder Gliedmaßen" tritt auf, wenn bei geistig Gesunden die von den Gliedmaßen zum Gehirn rücklaufenden Nerven beschädigt sind. Ein Abgleich der Efferenzkopie der intendierten Bewegungen mit den tatsächlichen sensomotorischen Rückmeldungen geschieht ständig und ist die Grundlage des Gefühls der Meinigkeit des Körpers und der Autorschaft meiner Handlungen.

Zudem ist seit längerem bekannt, dass bei Patienten mit offengelegtem Gehirn die elektrische Reizung bestimmter Hirnteile zu dem Gefühl führt, eine bestimmte Bewegung (zum Beispiel den Arm zu heben) ausführen zu *wollen* (Penfield/Rasmussen, 1950; Wegner, 2002). Dies wurde vor einigen Jahren durch Experimente einer französischen Arbeitsgruppe bestätigt, die solche Hirnreizungen an Patienten mit freigelegtem Gehirn im Zusammenhang mit einer Tumoroperation vornahm (Desmurget et al., 2009).

Es gab jedoch deutliche Unterschiede zwischen der Reizung des prä-SMA einerseits und des hinteren Scheitellappens (PPC) andererseits: Wenn das prä-SMA immer stärker gereizt wurde, wurde der Wille, eine bestimmte Bewegung auszuführen, auch immer stärker, bis die Patienten die Bewegung tatsächlich ausführten. Wurde der PPC gereizt, so wurde auch der Wille zur Bewegungsausführung immer stärker, es kam jedoch nie zur Auslösung der Bewegung. Vielmehr hatten dann die Patienten den irrigen Eindruck, die Handlung bereits ausgeführt zu haben. Zum Beispiel sagten sie: „Ich habe gerade etwas gesagt – was war es denn?“ Sehr interessant ist, dass eine elektrische Reizung des primären motorischen Cortex zu Bewegungen führt, bei denen der Patient behauptet, sie seien ihm aufgezwungen worden. All dies bedeutet, dass das Gefühl „Ich bin es, der da entscheidet!“ und damit die Selbstzuschreibung in höherem Maße von der Intensität und Konkretheit der Handlungsabsicht abhängt als von der tatsächlichen Ausführung. Die Möglichkeit, das Gefühl der willentlichen Entscheidung per Hirnstimulation auszulösen, ist sicherlich einer der stärksten Belege der Illusion der rein geistigen Autorschaft unserer Handlungen.

Ein weiterer wichtiger Faktor für die subjektiv empfundene Autorschaft unseres Willens ist das Gefühl, unser Wollen würde unser Handeln direkt bedingen. Wir erleben seit unserer Kindheit, dass *wir etwas tun wollen* und es dann auch in aller Regel *tun*: Dem Wollen folgt ein Tun. Aus diesem zeitlichen Nacheinander – auch hierauf hat bereits David Hume hingewiesen – folgern wir fälschlicherweise, das Wollen sei die Ursache für das Tun (Prinz, 1998; 2000). Wir übersehen dabei aber gleich mehrere Dinge:

- Zwischen dem Wollen und dem Tun finden, wie beschrieben, sehr komplizierte Prozesse der Umsetzung von Willensvorstellungen in neuromuskuläre Aktionen statt, die wir überhaupt nicht bewusst erleben und erst recht nicht bewusst steuern können.

- Einem Wollen folgt nicht automatisch eine bestimmte Bewegung – manchmal unterlassen wir eine intendierte Bewegung, ohne dass uns dies auffällt.

- Wir tun viele Dinge, ohne dass wir sie explizit wollen müssen. Dies gilt für alle mehr oder weniger automatisierten Abläufe, die unseren Alltag bestimmen, wie gehen, ein Auto durch den Verkehr fahren, die Lippen und die Hände beim Sprechen bewegen oder mit den Augen die Umgebung absuchen.

- Unser Unbewusstes schreibt unser Wollen oft danach um, was wir tatsächlich getan haben. Käufer haben vor, eine bestimmte Sache zu kaufen, werden dann von irgendwelchen unbewussten Reizen dazu gebracht, eine andere Sache zu kaufen, und behaupten anschließend, sie hätten genau das gekauft, was sie ursprünglich geplant hatten (Wegner, 2002). Dies folgt dem in der Psychologie bekannten Zwang zur Konsistenz von Absicht und Handlung.

Kürzlich durchgeführte Experimente zeigten, dass Versuchspersonen, die auf bestimmte Signale einmal so schnell wie möglich und zum anderen wohlüberlegt reagieren mussten, anschließend nicht verlässlich angeben konnten, wann sie reflexartig und wann sie absichtlich gehandelt hatten (Kühn/Brass, 2009). Generell gehen Handlungspsychologen davon aus, dass Menschen die eigentlichen Gründe und Ursachen ihres Handelns nicht besser abschätzen können als ein Außenstehender – oder sogar schlechter (Wilson/Stone, 1985).

Schließlich ist das Gefühl der Willens- und Handlungsfreiheit eng mit der Tatsache verbunden, dass im gegenwärtigen Augenblick noch nicht festgelegt erscheint, was wir in Zukunft tun werden. Ich sitze jetzt an meinem Schreibtisch, und niemand kann mit Sicherheit sagen – auch ich nicht –, was ich heute Abend tun werde oder was mit mir geschehen wird. Dies wiederum hat mehrere Ursachen: Als Hirnforscher nehme ich zwar bis zum Beweis des Gegenteils an, dass alles in meinem Gehirn deterministisch abläuft. Aber dieses Geschehen ist auch für den genialsten Mathematiker mit den schnellsten Computern nicht genau berechenbar, weil er zum einen die Anfangs- und Randbedingungen nicht präzise kennen kann (sobald er anfängt zu messen, verändern sie sich) und weil zum anderen die Interaktionen zwischen den vielen Hirnzentren und zwischen Gehirn und Umwelt jedes berechenbare Maß übersteigen. Aus alledem folgern wir mehr oder weniger intuitiv, dass uns die Zukunft offensteht. Dabei fühle ich mich, allerdings in gewissen Grenzen, umso freier, je mehr denkbare Verhaltensoptionen ich habe. Bin ich sehr hungrig und habe nur eine Speise zur Auswahl, die ich vielleicht nicht einmal besonders mag, dann esse ich sie widerwillig, das heißt gegen meinen Willen. Wirklich frei fühle ich mich dagegen, wenn ich eine gewisse Auswahl habe. Wenn allerdings die Auswahl zu groß ist, dann kann dies zur Qual der Wahl werden, und ich fühle mich paradoxerweise nicht mehr ganz frei.

Sich frei *fühlen* heißt, aus subjektiver Sicht realisierbare Verhaltensoptionen zu haben, die aber auch nicht zu zahlreich sein dürfen. Dabei ist es irrelevant, ob diese Optionen tatsächlich bestehen und ob ich sie alle wirklich will. Es genügt, *sich realistisch vorstellen* zu können, man könnte auch anders handeln. Dieses Bewusstsein realistischer Verhaltensoptionen wird deutlich erlebt und unterscheidet sich von einem physiologischen oder neurotischen Zwang. Wenn ich todmüde bin, weiß ich, dass ich nichts anderes tun kann, als mich bald schlafen zu legen, und wenn ich unter einem Waschzwang leide, dann weiß ich, dass ich mir in wenigen Minuten wieder die Hände waschen muss – egal, was ich dagegen zu tun versuche. Dies alles stimmt mit dem Begriff der Handlungsfreiheit überein, wie Hume sie definiert, nämlich die Abwesenheit von äußerem und innerem Zwang.

5 Schlussbemerkung

Wir können die eingangs gestellte Frage, ob die Existenz von Willensfreiheit empirisch überprüfbar ist, mit einem eingeschränkten Ja beantworten. Die Einschränkungen rühren erstens aus der Tatsache, dass eine empirische Überprüfung aus wissenschaftstheoretischer Sicht niemals eine Beurteilung nach „wahr“ oder „falsch“, sondern nur nach gegenwärtigen empirischen Erkenntnissen „hochgradig plausibel“ oder „hochgradig unplausibel“ sein kann. Hirnforschung und experimentelle Psychologie gehen von bestimmten, zurzeit allgemein akzeptierten Voraussetzungen aus und wenden akzeptierte Methoden an – sonst würden die Forschungsergebnisse nicht in seriösen Fachzeitschriften publiziert werden. Es steht jedoch jedem Kritiker frei, dieses wissenschaftliche Vorgehen generell abzulehnen und lieber seiner eigenen Gedankenkunst zu vertrauen.

Zudem sind die in diesem Beitrag genannten Methoden zum Teil sehr kompliziert und mögen systematische Fehler in Durchführung und Interpretation der Ergebnisse enthalten, die zurzeit nicht erkannt werden. Allerdings gilt in den empirischen Wissenschaften die Regel, dass Forschungsergebnisse, die mit ganz unterschiedlichen, wenngleich akzeptierten Methoden und über einen längeren Zeitraum hinweg gewonnen wurden und miteinander übereinstimmen, erst einmal angenommen werden sollten. Wer an ihnen zweifelt, muss dann überzeugend zeigen, was aus welchen Gründen an den bisherigen Experimenten und ihren Deutungen falsch war. Das unter Philosophen leider verbreitete „Das glaube ich nicht“ ist deshalb kein gutes Argument.

Unter diesen Voraussetzungen lässt sich sagen, dass es für die Existenz derjenigen Phänomene, die klassischerweise und bis heute in direkte Verbindung mit Willensfreiheit gebracht werden – nämlich die Annahme, es gebe eine rein geistige Verursachung von Handlungsentscheidungen –, *keinerlei* empirische Beweise gibt. Die Methodik der heutigen Neurowissenschaften reicht allemal aus, um im Ablauf der Hirnaktivitäten, die Willenshandlungen vorhergehen, mögliche Kausalitätslücken zu entdecken, in die hinein der freie Wille wirken könnte. Dies ist insbesondere deshalb möglich, weil für das Auslösen von Bewegungen die Synchronisation von Hunderttausenden bis Millionen von Neuronen erforderlich ist – also ein neuronales Makroereignis. Dies tritt nur auf, wenn zahlreiche inzwischen gut untersuchte neuronale Prozesse innerhalb und außerhalb der Großhirnrinde abgelaufen sind. Argumente, der freie Wille könne auf unterster neuronaler Ebene *ganz subtil* wirken, wie dies John C. Eccles geglaubt hatte, werden heute als abwegig angesehen. Zudem stellt die Annahme der Einwirkung einer rein geistigen Kraft auf das materielle Gehirn seit René Descartes das unlösbare Grundproblem eines jeden Dualismus dar, denn es würde den grundlegendsten aller Naturprinzipien, den *Erhaltungssätzen*, die auch innerhalb der Quantenphysik gültig sind, fundamental widersprechen.

Das scheinbar stärkste Argument zugunsten der Existenz von Willensfreiheit, nämlich das *unabweisliche Gefühl* der Autorschaft, ist zugleich das schwächste Argument, denn – wie geschildert – lässt sich ein solches Gefühl ziemlich leicht experimentell erzeugen (unter anderem durch direkte Hirnstimulation). Aus dem Eindruck, die Sonne gehe auf, folgt bekanntlich nicht, dass sich die Sonne um die Erde dreht. Es handelt sich auch hier um eine hartnäckige Illusion, die selbst dann nicht verschwindet, wenn wir wissen, dass sich die Erde der Sonne entgegendreht; wir sprechen weiterhin vom „Sonnenaufgang".

David Hume hat bereits vor beinahe drei Jahrhunderten die Lösung des scheinbar ewigen Problems der Willensfreiheit geliefert mit dem Hinweis darauf, dass Menschen sich dann frei *fühlen*, wenn sie aufgrund einer Abwesenheit äußeren oder inneren Zwangs „tun können, was sie wollen", das heißt ihre Absichten in die Tat umsetzen können. Diese Absichten müssen allerdings mit ihrer Persönlichkeit übereinstimmen, welche die Quelle aller unbewussten, intuitiven und bewussten Motive ist. Letztlich geht es darum, dass wir stets so handeln, wie es im Lichte unserer gesamten individuellen und sozialen Erfahrung am besten erscheint. Wie dies im Gehirn abläuft, habe ich im vorliegenden Beitrag skizzenhaft zu beschreiben versucht. Die Annahme Kants und seiner Nachfolger, man könne (und müsse) sich bei moralischem Handeln über die eigenen Motive hinwegsetzen, würde ein „Handeln im Lichte unserer eigenen Erfahrung" verhindern.

Freilich sind mit der Feststellung, dass der klassische und im heutigen Strafrecht immer noch vorherrschende Begriff der Willensfreiheit allen empirischen Evidenzen widerspricht und zudem mit den bekannten Naturprinzipien grundsätzlich unvereinbar ist, nicht alle praktischen Probleme gelöst. Wie an anderer Stelle ausgeführt (Merkel/Roth, 2010), ist der klassische Willensfreiheitsbegriff für die Begründung strafrechtlicher Schuld unbrauchbar, aber es bleibt zu diskutieren, wie beim Wegfall dieses Schuldbegriffs mit Straftätern zu verfahren ist. Vorgeschlagen wurde, den strafrechtlichen Begriff der Schuld analog dem Zivilrecht durch den Begriff der Verantwortlichkeit zu ersetzen, der mit den hier geschilderten empirischen Erkenntnissen vereinbar erscheint (Roxin, 2006; Cording/Roth, 2015). Dies ist jedoch nicht Gegenstand des vorliegenden Beitrags.

Das Wichtigste in Kürze

- Ob der Mensch einen freien Willen hat und was darunter zu verstehen ist, darüber herrscht unter Philosophen keine Einigkeit.
- Unser Strafrecht basiert auf den moralischen Vorstellungen Immanuel Kants, wonach wir uns immer auch anders entscheiden können, wenn wir es denn wollen. Nach David Hume und Arthur Schopenhauer können wir zwar ebenfalls immer zwischen Alternativen wählen, werden dabei aber jeweils von psychischen Motiven geleitet: Unsere Handlungen sind frei, unser Wille ist es nicht.
- Seit den 1980er Jahren suchen Neurobiologen mit wissenschaftlichen Methoden nach einem Beweis oder einer Widerlegung der Willensfreiheit.
- Maßgeblich waren die Experimente des Forschers Benjamin Libet. Er trachtete nach einem Beleg für die Willensfreiheit, fand zu seiner Überraschung jedoch das Gegenteil. Das verblüffende Ergebnis seiner Messung lautete, dass das, was wir als Willensakt empfinden, erst im Anschluss an eine messbare Hirnaktivität auftritt. Unser „Wille“ entsteht demnach nicht etwa zeitgleich oder früher, wie es Willensfreiheit im strengen Sinne erwarten ließe. Mit anderen Worten: Wenn wir etwas wollen, hat sich das Gehirn bereits entschieden, was wir wollen.
- Zahlreiche Gegenargumente haben die Kernaussage dieser Libet-Experimente nicht widerlegen können. Folgeexperimente mit immer genaueren Messmethoden bestätigten den zeitlichen Vorsprung der Hirnaktivität vor der bewussten Wahlentscheidung.
- Nichtsdestotrotz fühlen wir uns frei in unseren Entscheidungen. Dieses Gefühl ist eine Illusion, die zum Beispiel darauf beruht, dass uns zum einen die sehr komplizierten neuronalen Prozesse nicht bewusst sind, die zwischen unseren Handlungsintentionen und deren motorischer Realisierung stattfinden, und dass uns zum anderen der Verlauf der Zukunft offen erscheint und diese somit unendlich viele Wahlmöglichkeiten verspricht.

Literatur

an der Heiden, Uwe, 1996, Chaos und Ordnung, Zufall und Notwendigkeit, in: Küppers, Günter (Hrsg.), Chaos und Ordnung. Formen der Selbstorganisation in Natur und Gesellschaft, Stuttgart, S. 97–121

Blakemore, Sarah-Jayne / **Wolpert**, Daniel M. / **Frith**, Chris D., 2002, Abnormalities in the awareness of action, in: Trends in Cognitive Sciences, 6. Jg., Nr. 6, S. 237–242

Cording, Clemens / **Roth**, Gerhard, 2015, Ist der zivilrechtliche Begriff der freien Willensbestimmung mit den empirischen Befunden der Neurobiologie vereinbar?, in: Neue Juristische Wochenschrift (im Druck)

Desmurget, Michel et al., 2009, Movement intention after parietal cortex stimulation in humans, in: Science, Nr. 324, S. 811–813

Eccles, John C., 1994, Wie das Selbst sein Gehirn steuert, München

Geyer, Christian (Hrsg.), 2004, Hirnforschung und Willensfreiheit. Zur Deutung der neuesten Experimente, Frankfurt am Main

Frith, Chris D., 1987, The positive and negative symptoms of schizophrenia reflect impairments in the perception and initiation of action, in: Psychological Medicine, 17. Jg., Nr. 3, S. 631–648

Haggard, Patrick / **Eimer**, Martin, 1999, On the relation between brain potentials and the awareness of voluntary movements, in: Experimental Brain Research, Bd. 126, Nr. 1, S. 128–133

Heckhausen, Heinz, 1987, Perspektiven einer Psychologie des Wollens, in: Heckhausen, Heinz / Gollwitzer, Peter M. / Weinert, Franz E. (Hrsg.), Jenseits des Rubikon. Der Wille in den Humanwissenschaften, Berlin, S. 121–142

Hume, David, 1748 [1973], An Enquiry Concerning Human Understanding, dt.: Untersuchung über den menschlichen Verstand, Hamburg

Jeannerod, Marc, 1997, The Cognitive Neuroscience of Action, Oxford

Jeannerod, Marc, 2002, Self-generated actions, in: Maasen, Sabine / Prinz, Wolfgang / Roth, Gerhard (Hrsg.), Voluntary Action, New York, S. 153–164

Kahle, Werner, 1976, Nervensystem und Sinnesorgane, Stuttgart

Kandel, Eric R. / **Schwartz**, James H. / **Jessell**, Thomas M., 1996, Neurowissenschaften, Heidelberg

Kant, Immanuel, 1787, Kritik der reinen Vernunft, 2. Originalausgabe (B), Riga

Kohlrausch, Eduard, 1905, Der Kampf der Kriminalistenschulen im Lichte des Falles Dippold, in: Monatsschrift für Kriminalpsychologie und Strafrechtsreform, Bd. 1, S. 16–25

Kornhuber, Hans H. / **Deecke**, Lüder, 1965, Hirnpotentialänderungen bei Willkürbewegungen und passiven Bewegungen des Menschen: Bereitschaftspotential und reafferente Potentiale, in: Pflügers Archiv für die gesamte Physiologie, Bd. 284, Nr. 1, S. 1–17

Kühn, Simone / **Brass**, Marcel, 2009, Retrospective construction of the judgment of free choice, in: Consciousness and Cognition, Bd. 18, Nr. 1, S. 12–21

Kühn, Simone / **Haggard**, Patrick / **Brass**, Marcel, 2009, Intentional inhibition: how the "veto area" exerts control, in: Human Brain Mapping, Bd. 30, Nr. 9, S. 2834–2843

Lau, Hakwan C. / **Rogers**, Robert D. / **Haggard**, Patrick / **Passingham**, Richard E., 2004, Attention to intention, in: Science, Nr. 303, S. 1208–1210

Libet, Benjamin, 1985, Unconscious cerebral initiative and the role of conscious will in voluntary action, in: Behavioral Brain Sciences, 8. Jg., Nr. 4, S. 529–566

Libet, Benjamin, 1999, Do we have free will?, in: Journal of Consciousness Studies, 6. Jg., Nr. 8-9, S. 47–57

Libet, Benjamin, 2005, Mind Time: Wie das Gehirn Bewusstsein produziert, Frankfurt am Main

Libet, Benjamin / **Gleason**, Curtis A. / **Wright**, Elwood W. / **Pearl**, Dennis K., 1983, Time of conscious intention to act in relation to onset of cerebral activity (readiness potential). The unconscious initiation of a freely voluntary act, in: Brain, 106. Jg., Nr. 3, S. 623–642

Merkel, Grischa / **Roth**, Gerhard, 2010, Bestrafung oder Therapie? Das Schuldprinzip des Strafrechts aus Sicht der Hirnforschung, in: Bonner Rechtsjournal, Nr. 1/2010, S. 47–56

Nieuwenhuys, Rudolf / **Voogd**, Jan / **Huijzen**, Christiaan van, 1991, Das Zentralnervensystem des Menschen, Berlin

Penfield, Wilder / **Rasmussen**, Theodore, 1950, The Cerebral Cortex of Man, A Clinical Study of Localization of Function, New York

Penrose, Roger, 1995, Schatten des Geistes. Wege zu einer neuen Physik des Bewußtseins, Heidelberg

Prinz, Wolfgang, 1998, Die Reaktion als Willenshandlung, in: Psychologische Rundschau, 49. Jg., Nr. 1, S. 10–20

Prinz, Wolfgang, 2000, Kognitionspsychologische Handlungsforschung, in: Zeitschrift für Psychologie, 208. Jg., Nr. 1-2, S. 32–54

Rösler, Frank, 2008, Was verraten die Libet-Experimente über den „freien Willen"? – Leider nicht sehr viel, in: Pauen, Michael / Lampe, Ernst-Joachim / Roth, Gerhard (Hrsg.), Willensfreiheit und rechtliche Ordnung, Frankfurt am Main, S. 140–166

Roth, Gerhard, 2003, Fühlen, Denken, Handeln. Wie das Gehirn unser Verhalten steuert, Frankfurt am Main

Roth, Gerhard, 2007, Persönlichkeit, Entscheidung und Verhalten. Warum es so schwierig ist, sich und andere zu ändern, Stuttgart

Roth, Gerhard / **Strüber**, Nicole, 2014, Wie das Gehirn die Seele macht, Stuttgart

Roxin, Claus, 1984, Zur Problematik des Schuldstrafrechts, in: Zeitschrift für die gesamte Strafrechtswissenschaft, 96. Jg., Nr. 3, S. 641–660

Roxin, Claus, 2006, Strafrecht Allgemeiner Teil. Band I: Grundlagen. Der Aufbau der Verbrechenslehre, München

Soon, Chung S. / **He**, Anna H. / **Bode**, Stefan / **Haynes**, John-Dylan, 2013, Predicting free choices for abstract intentions, in: Proceedings of the National Academy of Sciences of the USA, 110. Jg., Nr. 15, S. 6217–6222, doi: 10.1073/pnas.1212218110

Wegner, Daniel, 2002, The Illusion of Conscious Will, Cambridge (Mass.)

Wilson, Timothy D. / **Stone**, Julie I., 1985, Limitations of self-knowledge: more on telling more than we can know, in: Review of Personality and Social Psychology, Bd. 6, S. 167–183

Zeilinger, Anton, 2003, Einsteins Schleier. Die neue Welt der Quantenphysik, München

Zeilinger, Anton, 2005, Einsteins Spuk. Teleportation und weitere Mysterien der Quantenphysik, München

Unser freier Wille ist beweisbar: Der Mensch ist nicht das Opfer der Neurobiologie

Reinhard Werth

1 Einleitung

Die Frage, ob es einen freien Willen gibt oder ob unser Wille durch Gehirnprozesse festgelegt, determiniert ist und wir nur den trügerischen Glauben haben, unser Wille sei frei, ist für viele Lebensbereiche grundlegend. Nicht nur die Grundmauern von Religionen, die voraussetzen, dass Menschen sich frei für oder gegen die Einhaltung göttlicher Gebote entscheiden können, gerieten ins Wanken. Die gesamte Rechtsprechung, die von der Schuldfähigkeit eines Täters ausgeht, wäre zu überdenken. Schließlich wäre jeder Form der Schuldzuweisung der Boden entzogen. Tatsächlich wurde die These, es gebe keinen freien Willen, von einigen Neurowissenschaftlern vertreten (Singer, 2003; Roth, 2013).

Es lässt sich jedoch nachweisen, dass die Argumentation, die dieser These zugrunde liegt, aus mehreren Gründen wissenschaftlich unhaltbar ist. Bei der Aussage, der Wille sei determiniert und deshalb unfrei, handelt es sich nicht um eine Erklärung, sondern nur um eine logische Tautologie der Art: „Es regnet, weil es regnet." Die Experimente, die die These der Willensunfreiheit stützen sollen, lassen sich nicht übertragen auf Entscheidungen bei kurzer Entscheidungsreaktionszeit und ebenfalls nicht auf Entscheidungssituationen während eines dynamischen Informationsflusses (zum Beispiel wenn sich Annahmen des Entscheiders über Kosten und Nutzen ändern oder die Annahmen über die Wahrscheinlichkeit des Eintretens von Entscheidungsalternativen).

Es soll gezeigt werden, dass die Frage, ob es einen freien Willen gibt, in erster Linie eine methodische Frage ist. Schließlich soll der Nachweis der Existenz eines freien Willens erbracht werden. Doch es wird deutlich werden, dass es einerseits Bedingungen gibt, unter denen eine Willensentscheidung frei ist, und andererseits Bedingungen existieren, unter denen die Freiheit einer Willensentscheidung mehr oder weniger eingeschränkt ist, sodass man von verschiedenen Graden der Willensfreiheit sprechen kann. Schließlich gibt es auch Situationen, unter denen man sich nicht frei entscheiden kann.

2 Die These der Willensunfreiheit

Die Behauptung, es gebe keinen freien Willen, beruht im Wesentlichen auf der Argumentation, alle unsere Willensentscheidungen seien durch physische und psychische Faktoren festgelegt (determiniert). Der Neurophysiologe Wolf Singer sieht die Annahme der Existenz des freien Willens im Widerspruch zur naturwissenschaftlichen Erkenntnis: Der freie Wille „wird von uns als Realität erlebt und wir handeln und urteilen so, als gäbe es ihn [...] Aber aus Sicht der Naturwissenschaft ergibt sich die mit der Selbstwahrnehmung unvereinbare Schlussfolgerung, dass der ‚Wille' nicht frei sein kann" (Singer, 2003, 59). Auch die Annahme, Personen seien für ihre Handlungen verantwortlich, weil sie etwas anderes hätten tun können, lehnt Singer mit der Begründung ab, dass neuronale Prozesse deterministisch seien (Singer, 2003, 20).

Gerhard Roth, ein weiterer Hauptvertreter der These der Willensunfreiheit, schreibt: „Es bestehen Optionen, zum Beispiel hinsichtlich A oder B, weil physische Faktoren außerhalb von mir und psychische Faktoren in mir sowohl A als auch B zulassen. Die Tatsache jedoch, dass ich schließlich A und nicht B tue, ist in dem Augenblick, in dem ich A tue, determiniert, das heißt alle äußeren und inneren Umstände führen zu A und nicht zu B. In dem Maße, wie bei der Festlegung meine eigenen Motive eine Rolle spielen und nicht purer Zufall, ist es meine Entscheidung" (Roth, 2013, 327).

Die Darstellung neuronaler Netzwerke, die einen Einfluss auf das Zustandekommen von Entscheidungen haben, soll diese These untermauern. Roth (2013, 319 ff.) und Pauen/Roth (2008) gehen davon aus, dass die Annahme, es gebe einen freien Willen, nur durch die Annahme einer „Kausalitätslücke", also der Annahme, dass es Entscheidungen gibt, die nicht kausal bedingt sind, begründet werden kann und dass die Annahme einer Kausalitätslücke nicht zur Begründung der Willensfreiheit führt. Aus naturwissenschaftlicher Sicht ist eine solche, für die Entscheidungsbildung relevante Kausalitätslücke in der Tat nicht auszumachen und wenn diese festzustellen wäre, ist nicht zu sehen, wie sie freie Willensentscheidungen, für die eine Person verantwortlich ist, begründen könnte.

3 Willensunfreiheit aufgrund Determiniertheit – eine Tautologie

Für jede Diskussion der Frage, unter welchen Bedingungen wir freie Willensentscheidungen treffen können, ist es unabdingbar, dass man sich Klarheit darüber verschafft, worüber man überhaupt spricht. Wie wir sehen werden, bricht die These, der menschliche Wille sei nicht frei, weil er durch neuronale Prozesse determiniert sei, bereits in sich zusammen, wenn man den Begriffen „frei" und „Determiniertheit" eine klare Bedeutung gibt.

Die Begriffe „Willensentscheidung" und „frei" beziehungsweise „unfrei" und „determiniert" sind vage Begriffe der Alltagssprache, die für eine Untersuchung, die den Anspruch der Wissenschaftlichkeit erhebt, nicht brauchbar sind und der Präzisierung bedürfen. Unbrauchbar deshalb, weil ihre Bedeutung nicht festgelegt ist und sie, je nach Gutdünken, in unterschiedlichen Bedeutungen gebraucht werden können. Ob eine Behauptung über die Willensfreiheit wahr oder falsch ist, hängt aber von der Bedeutung ab, die den Begriffen „freier Wille" und „Determiniertheit" gegeben wurde. Ist die Bedeutung dieser Begriffe nicht eindeutig, so ist auch die Frage, ob Aussagen über die Willensfreiheit wahr oder falsch sind, nicht eindeutig entscheidbar.

Der Begriff der Willensfreiheit, wie Wolf Singer und Gerhard Roth ihn verwenden, basiert auf der Frage nach der kausalen Determiniertheit menschlicher Willensentscheidungen. Weder Singer noch Roth präzisieren die Begriffe „Kausalität", „determiniert" und „frei" und übernehmen diese in ihrer alltagssprachlichen Unbestimmtheit.

In einer 2008 publizierten Diskussion des Begriffs der Willensfreiheit kommt es Pauen/Roth „nicht darauf an, ob eine Handlung determiniert ist; entscheidend ist vielmehr, wie sie determiniert ist. Lässt es sich auf die personalen Präferenzen des Handelnden zurückführen, dass dieser eine Handlung A statt einer Handlung B vollzieht, dann ist der Vollzug von A selbstbestimmt und damit frei [...] Determination heißt hier also nur, dass die Entscheidung nicht unabhängig von meinen Wünschen und Überzeugungen variieren kann" (Pauen/Roth, 2008, 39). Als „determiniert" bezeichnen die Autoren „ein Ereignis, wenn dessen Eintreten durch vorangegangene Umstände vollständig festgelegt wird, sodass also bei einer Wiederholung der vorangegangenen Umstände auch das Ereignis immer wieder auftreten wird" (Pauen/Roth, 2008, 38).

Dass hier als „determiniert" bezeichnet wird, was „vollständig festgelegt" ist, trägt nichts zur Klärung bei. Es ist gerade die Frage, was „vollständig festgelegt" bedeuten soll. Sind notwendige Bedingungen oder hinreichende Bedingungen gemeint, so ist die Charakterisierung unvollständig, da es auf die übrigen Bedingungen ankommt, ob eine Bedingung notwendig oder hinreichend ist. Sind sogenannte INUS-Bedingungen (nicht hinreichende, aber notwendige Teile einer nicht notwendigen, aber hinreichenden Bedingung) im Sinn John Mackies (Mackie, 1965) oder notwendige oder hinreichende ursächliche Bedingungen relativ zu einer Klasse von Bedingungen (Werth, 2010, 157 ff.) oder ist etwas anderes gemeint? Diese für die Beantwortung der Frage nach der Willensfreiheit grundlegenden Probleme bleiben offen.

Der zweite Halbsatz, „dass also bei einer Wiederholung der vorangegangenen Umstände auch das Ereignis immer wieder auftreten wird", ist zweifellos inadäquat. Die Aussage: „Wenn immer Frau Meiers Blinddarmnarbe juckt, wird das Wetter schlecht" erfüllt diesen Halbsatz. Deshalb ist das Wetter nicht durch Frau Meiers Empfindungen ihrer Blinddarmnarbe „vollständig festgelegt". Handlungen sind nach Pauen/Roth durch personale Präferenzen, die für eine Person spezifisch sind, determiniert. „Darunter hat man sich die Überzeugungen, Wünsche oder Charaktermerkmale vorzustellen, die den Kern der Person ausmachen" (Pauen/Roth, 2008, 34). Zu diesen Merkmalen gehören Rationalität, um „die Konsequenzen eigener Handlungen abzuschätzen", „aber auch Selbstbewusstsein, also die Fähigkeit, die eigenen Ziele als die eigenen Ziele zu erkennen" sowie „Überzeugungen, Wünsche oder Charaktermerkmale" (Pauen/Roth, 2008, 34). Diese erfordern Bewusstsein.

Im Gegensatz dazu wird aufgrund der Experimente von Benjamin Libet, Patrick Haggard, Martin Eimer und Chun S. Soon et al. behauptet, experimentelle Ergebnisse belegten, dass Willensentscheidungen unbewusst gefällt werden, nämlich bevor es der Person bewusst ist, dass sie eine Willensentscheidung getroffen hat. Wie aber sollen Wünsche und Charaktermerkmale, die Bewusstsein erfordern, eine unbewusst gefällte Entscheidung vollständig festlegen? „Gleichzeitig ist aber ausgeschlossen, dass freie Entscheidungen auf der Basis von Präferenzen und Dispositionen gefällt werden können, die der Kontrolle des Handelnden entzogen sind, wie dies zum Beispiel bei einer Sucht oder einem Zwang der Fall wäre" (Pauen/Roth, 2008, 55).

Doch unbewusst gefällte Entscheidungen sind gerade dadurch ausgezeichnet, dass sie der Kontrolle des Handelnden entzogen sind. Handlungen sollen also durch Selbstbewusstsein, das Erkennen von Zielen, Überzeugungen und Wünsche determiniert sein, gleichzeitig sollen Entscheidungen unbewusst gefällt werden. Zudem sollen Präferenzen, die der Kontrolle des Handelnden entzogen sind, ausgeschlossen sein. Diese Ausführungen sind in sich widersprüchlich.

Nicht nur dies. Die Vereinfachung, unter Sucht und Zwang bestünde völlige Unfreiheit, zeigt eine weitere Unklarheit auf. Eine Handlung ist nicht entweder uneingeschränkt frei oder völlig unfrei. So geht es zum Beispiel in der Verhaltenstherapie von Zwangserkrankungen gerade darum, den freien Entscheidungsspielraum zunehmend zu vergrößern. Dabei ist zu beobachten, wie die zunehmende Fähigkeit der bewussten Willensentscheidung die Zwangshandlung zu überwinden beginnt. Eine psychologische Fallanalyse muss dabei angeben, in welchem Maße Verhaltensalternativen bestehen und in welchem Maße eine bewusste Entscheidung von einer noch bestehenden Zwangserkrankung determiniert wird. Diese Fragen stellen sich nicht nur für Zwangserkrankungen, sondern für alle Willensentscheidungen, die nicht einfach frei oder unfrei sind. Die Ausführungen von Pauen/Roth (2008) tragen weder zur Klärung der grundlegenden Begriffe bei, noch erhellen sie reale Entscheidungssituationen.

Anhand der Äußerungen der Vertreter der Willensunfreiheit können wir nur vermuten, dass das vage, intuitive Konzept von „willensfrei" gleichbedeutend ist mit „nicht determiniert". Denn frei ist, was nicht determiniert ist. Also ist der Wille nicht frei, weil er durch Hirnprozesse determiniert ist. Das ist aber nichts anderes als eine inhaltsleere Aussage, eine Tautologie. Der Fehler liegt darin, dass die Willensunfreiheit durch die Determiniertheit begründet wird und gleichzeitig durch die Determiniertheit „definiert" wird. Es handelt sich allerdings weder um eine Definition noch um eine nicht definitorische Begriffserklärung, sondern um ein intuitives Konzept, wodurch der methodische Fehler verschleiert bleibt.

Diese Argumentation lässt sich noch etwas genauer erläutern, indem man die Begriffe der Kausalität und der Determiniertheit präzisiert (Werth, 2010, 157 ff.): Ursachen sind Bedingungen. Bedingungen lassen sich in notwendige und hinreichende Bedingungen einteilen. Notwendige Bedingungen für das Eintreten eines Ereignisses, nennen wir es E, sind Bedingungen, ohne deren Vorliegen E nicht eintreten kann. Hinreichende Bedingungen für das Eintreten von E sind Bedingungen, bei deren Vorliegen E unweigerlich eintritt. Doch wäre es zu einfach, notwendige oder hinreichende Bedingungen bereits als Ursachen zu betrachten.

Dies lässt sich an einem einfachen Beispiel verdeutlichen. Man stelle sich ein Auto vor, das technisch völlig in Ordnung ist, dessen Räder jedoch abmontiert sind. Natürlich kann das Auto so nicht fahren. Montieren wir die Räder wieder an, so ist dies eine hinreichende Bedingung dafür, dass das Auto fährt. Wenn der Tank aber leer ist, nutzt auch die Montage der Räder nichts. Das Auto fährt dann selbst mit Rädern nicht. Nur dadurch, dass auch Treibstoff im Tank ist, wurde das Anmontieren der Räder zu einer hinreichenden Bedingung dafür, dass das Auto fährt. Sind nun aber die Treibstoffleitung verstopft, die Benzinpumpe oder die Einspritzanlage defekt, dann nutzt es auch nichts, dass wir Benzin im Tank haben. Es müssen also weitere Bedingungen erfüllt sein, damit die Montage der Räder hinreichend dafür wird, dass das Auto fährt. Dass die Kraftstoffleitung nicht verstopft ist, ist eine notwendige Bedingung dafür, dass die Montage der Räder zu einer hinreichenden Bedingung dafür wird, dass das Auto fährt.

Man kann ein komplexes Netz von Bedingungen konstruieren, in dem manche Bedingungen notwendig, andere hinreichend dafür sind, dass andere Bedingungen notwendig oder hinreichend dafür werden, dass ein Ereignis (das Auto fährt) eintritt. Wenn wir sagen, eine Bedingung, wie die Montage der Räder, ist eine hinreichende Bedingung dafür, dass das Auto fährt, so müssen wir dies auf andere Bedingungen relativieren, durch die die Montage der Räder hinreichend dafür wird, dass das Auto fährt. Wir sagen dann, die Montage der Räder sei eine *hinreichende ursächliche Bedingung* dafür, dass das Auto fährt, *relativ zu Bedingungen*, durch die das Montieren der Räder zu einer hinreichenden Bedingung wird. Diese Rekonstruktion des Ursachenbegriffs ist eine Erweiterung des Ursachenbegriffs, den der australische Wissenschaftsphilosoph John Mackie 1965 vorgeschlagen hat. Mackie betrachtet nur INUS-Bedingungen (nicht hinreichende, aber notwendige Teile einer nicht notwendigen, aber hinreichenden Bedingung) als Ursachen (Mackie, 1965).

Um die Leserinnen und Leser nicht durch logische Details und die genaue mathematische Formulierung abzuschrecken, wollen wir es bei diesen Bemerkungen bewenden lassen (eine ausführliche Begriffsbestimmung liefert Bestimmung III in Werth, 2010, 159). Die bisherigen Ausführungen reichen jedoch aus, um genauer zu überlegen, was die Aussage „Willensentscheidungen sind nicht frei, weil sie determiniert sind" bedeutet. Wie bereits dargelegt, bedeutet „nicht willensfrei" oder „willensunfrei" nichts anderes als „determiniert", was gleichzusetzen ist mit „ursächlich bedingt relativ zu …". Da man aber das, womit man einen Begriff definiert (das Definiens), durch das ersetzen kann, was man definiert (das Definiendum), bedeutet „Entscheidungen sind nicht willensfrei, weil sie determiniert sind" nichts anderes als „Entscheidungen sind determiniert (oder ursächlich bedingt relativ zu …), weil sie determiniert (ursächlich bedingt relativ zu …) sind." Und das ist eine Tautologie, eine inhaltsleere Aussage.

Die Denkfalle liegt in dem Begriff „weil". Das suggeriert eine Erklärung, ist aber keine Erklärung, sondern es handelt sich hier nur um eine versteckte Definition von „nicht willensfrei". Neurobiologische Ausführungen zur Entstehung von Willensentscheidungen, wie wir sie bei Pauen/Roth (2008), bei Roth (2013) und bei Gerhard Roth im vorliegenden Band finden, erklären zwar, welche neuronale Mechanismen vermutlich zu Willensentscheidungen beitragen (vorausgesetzt, die Darstellungen erweisen sich als haltbar). Sie erklären jedoch nicht, dass es keinen freien Willen gibt, *weil* Entscheidungen determiniert sind.

Diese neurobiologischen Mechanismen zeigen, auf welche Weise neurobiologische Mechanismen Entscheidungen möglicherweise kausal bedingen, und diese Bedingtheit wird per definitionem als Willensunfreiheit bezeichnet. Die Willensunfreiheit wird dadurch nicht nachgewiesen. Dies ist etwa so, als würde man die Frage „Warum ist die Suchoi S27 ein Kampfjet der russischen Luftwaffe?" beantworten mit: „weil der Flanker ein Kampfjet der russischen Luftwaffe ist". Da „Flanker" definiert ist als „Suchoi S27" und nur den NATO-Code für den genannten Kampfjet abgibt, haben wir mit der Antwort keine neue Information gegeben. Nicht anders verhält es sich mit den Begriffen „Willensunfreiheit" und „Determiniertheit".

4 Es gibt keinen experimentellen Nachweis für die Unfreiheit des Willens

Die experimentellen Befunde, die die Autoren zur Stützung der These der kausalen Determiniertheit aller Entscheidungen heranziehen, stammen von Experimenten, die zunächst Benjamin Libet et al. (1983) durchführten. Die Ergebnisse wurden von Haggard/Eimer (1999), die die Experimente in veränderter Form wiederholten, bestätigt. In jüngster Zeit wurden die Experimente mithilfe der funktionellen Magnetresonanztomographie von Soon et al. (2008) repliziert.

In den Experimenten von Libet et al. (1983) betrachteten die Versuchspersonen eine Uhr, deren Zeiger das Ziffernblatt in 2,56 Sekunden umrundete. Die Versuchspersonen wurden gebeten, ihr Handgelenk zu bewegen, wann immer sie wollten. Sie sollten sich merken, bei welchem Zeigerstand sie sich entschlossen hatten, die Bewegung des Handgelenks auszuführen. Mittels Elektroden konnten die Untersucher auf der Kopfhaut ein sogenanntes Bereitschaftspotenzial registrieren, das erstaunlicherweise 300 bis 500 Millisekunden vor dem Zeitpunkt lag, zu dem die Versuchspersonen sich entschlossen hatten, das Handgelenk zu bewegen.

In den neueren Wiederholungen des Experiments durch Soon et al. (2008) betrachteten die Versuchspersonen Buchstaben, die nacheinander auf einem Monitor gezeigt wurden. Sobald sie sich entschlossen, mit dem linken oder rechten Zeigefinger einen Knopf zu drücken, sollten sie sich den Buchstaben einprägen, der gerade präsent war, als sie den Entschluss fassten. Die Aktivierung bestimmter Hirnareale wurde durch die Messung der Veränderung des Sauerstoffgehalts des Blutes in den betreffenden Hirnarealen mittels der funktionellen Magnetresonanztomographie (fMRI) bestimmt. Die Messung ergab, dass bis zu 7 Sekunden, bevor die Versuchspersonen den Entschluss fassten, einen bestimmten Knopf zu drücken, eine Region im frontopolaren Cortex aktiviert wurde. Eine weitere Region, die aktiviert wurde, befand sich im Bereich des Praecuneus und hinteren Gyrus cinguli.

In neueren Experimenten (Soon et al., 2013) sollten die Probanden sich entscheiden, Zahlen zu addieren oder zu subtrahieren. Dabei zeigte das fMRI bis zu 4 Sekunden vor dem Zeitpunkt, zu dem die Probanden angaben, die Entscheidung gefällt zu haben, eine Aktivierung im mittleren präfrontalen und im parietalen Cortex. Die neuronale Aktivierung, die Entscheidungen vorausgeht, ist somit nicht auf motorische Reaktionen begrenzt, sondern besteht auch bei der Entscheidung, eine kognitive Operation auszuführen. Es stellt sich hier die Frage, ob die registrierte Aktivierung von Hirnstrukturen überhaupt einer unbewusst gefällten Entscheidung entsprach. Es kann sich auch um ein neuronales Korrelat des Aufbaus einer Entscheidung gehandelt haben, die erst fiel, als dies den Versuchspersonen bewusst wurde. Einer Entscheidung gehen neuronale Prozesse voraus, welche die Entscheidung aufbauen. Wenn diese Prozesse eindeutig sind, das heißt erlauben, eine bestimmte Entscheidung vorauszusagen, so bedeutet dies nicht, dass die Entscheidung damit bereits vollzogen wurde. Die registrierten fMRI-Signale gingen der Entscheidung auch nicht immer, sondern nur mit einer bestimmten Häufigkeit voraus.

Auch die Interpretation experimenteller Daten, die mit der fMRI gewonnen wurden, lassen sich nicht einfach als ursächliche Zusammenhänge interpretieren. Studien zur Aussagekraft der fMRI haben gezeigt: Signale des Gehirns, die mit dieser Methode gewonnen werden, bedeuten nicht, dass die Hirnstruktur, von der man diese Signale erhält, eine ursächliche Rolle für die Entstehung kognitiver Prozesse – wie es Entscheidungen sind – spielen muss (Logothetis et al., 2001; Rushworth et al., 2002).

Schon aus der Präzisierung des Ursachenbegriffs (Mackie, 1965; Werth, 2010) folgt, dass ursächliche Zusammenhänge zwischen Hirnfunktion auf der einen Seite und Wahrnehmung, kognitiven Leistungen und Verhalten auf der anderen Seite sich nur durch solche Untersuchungen nachweisen lassen, bei denen die Folgen der Inaktivierung der fraglichen Hirnstrukturen untersucht werden. Dazu dienen gerade neuropsychologische Untersuchungen an hirngeschädigten Patienten sowie Untersuchungen, bei denen die fraglichen Hirnstrukturen vorübergehend inaktiviert wurden.

Diese Bedenken gelten auch für elektrische Signale, die von der Hirnrinde generiert werden. So lassen sich vor und während Augenbewegungen, die auf akustische oder visuelle Reize folgen, zahlreiche Signale des Großhirns registrieren. Dennoch sind solche Augenbewegungen auch bei Kindern auslösbar, bei denen aufgrund einer Störung der Hirnentwicklung das Großhirn gar nicht vorhanden ist und die, anders als gesunde Kinder, nur einen Hirnstamm besitzen (Werth, 2007). Auch auf visuelle Reize findet man typische Signale im Hinterhauptslappen des Gehirns (oft als „Sehzentrum" bezeichnet). Trotz der Abwesenheit eines oder beider Hinterhauptslappen können in manchen Fällen visuelle Reize verarbeitet werden und die Kinder reagieren auf diese (Werth, 2006; Muckli et al., 2009).

Nach beidseitiger chirurgischer Durchtrennung der Verbindung des Frontalhirns zum übrigen Gehirn oder nach chirurgischer Entnahme des Frontalhirns stellen sich zwar unterschiedliche kognitive Einbußen ein. Doch die Patienten können durchaus noch Entscheidungen fällen (Freeman/Watts, 1939; 1948; Loring/Meador, 2006). Eine beidseitige Schädigung des Frontallappens (genauer: des ventralen medialen präfrontalen Cortex) hat zur Folge, dass die Patienten zwar Entscheidungen treffen, doch es sind Entscheidungen, die nur im Moment größeren Gewinn bringen, auf lange Sicht für sie jedoch die ungünstigeren Entscheidungen sind. Die Patienten sind unfähig, die für sie günstigere Entscheidungsstrategie durch Versuch und Irrtum zu erlernen (Xiao et al., 2013). Diese Befunde sprechen dafür, dass die Strukturen des Frontallappens, von denen bei Entscheidungsaufgaben eine Aktivierung festgestellt wurde, nicht notwendig dafür sind, dass überhaupt Entscheidungen gefällt werden können.

Der Wille, eine Extremität zu bewegen, lässt sich durch Stimulation des unteren Parietallappens auslösen (Desmurget et al., 2009). Doch dem Willen, eine Extremität zu bewegen, folgt nicht automatisch die Bewegung (Desmurget/Sirigu, 2009). Es wird also nicht zuerst eine Bewegung programmiert und im Anschluss wird uns bewusst, dass eine Bewegung erfolgen wird.

Zur Untermauerung der These der Willensunfreiheit werden die experimentellen Ergebnisse von Libet et al. (1983), Libet (2007), Haggard/Eimer (1999) und Soon et al. (2008) zudem in unzulässiger Weise verallgemeinert. In diesen Experimenten mussten die Versuchspersonen sich zwischen zwei Wahlreaktionen entscheiden. Es spielte keine Rolle, welche Reaktion sie wählten, da beide Entscheidungen mit keinerlei Konsequenzen verbunden waren.

Entscheidungen, wie sie in den Experimenten von Libet, Haggard/Eimer und Soon et al. beschrieben wurden, sind nur Sonderfälle von Entscheidungen. Es handelt sich um Entscheidungen, die keine rasche Reaktion erforderten und in denen Kosten und Nutzen nicht gegeneinander abgewogen werden mussten. Da keine Entscheidung Folgen hatte, konnte es den Versuchspersonen völlig egal sein, welche Entscheidung sie trafen. Wenn eine Person einen von zwei Knöpfen drücken soll oder sich zwischen einer Bewegung und einer Ruhephase entscheiden soll und mit keiner Entscheidung eine Konsequenz verbunden ist, so kann das Gehirn eine Entscheidung vorbereiten, ohne dass die Person davon Kenntnis hat. Da es ihr egal ist, wie sie sich entscheidet, folgt sie dem, was das Gehirn vorbereitet hat. Man könnte sagen, das Gehirn mache einen Vorschlag, und da es um nichts geht, folgt die Versuchsperson dem Vorschlag. Subjektiv wird dies dann als Entscheidung erlebt.

Dass eine Absicht ein neuronales Korrelat hat, das uns nicht bewusst ist, ist nicht überraschend. Wir können uns im Restaurant entscheiden, ein bestimmtes Gericht zu bestellen. Die Auswahl des Gerichts geschieht möglicherweise intuitiv. Nun dauert es aber 20 Minuten, bis jemand die Bestellung aufnimmt. Bis der Ober kommt, gibt es ein neuronales Korrelat unserer Auswahl, ohne dass wir ununterbrochen an diese Auswahl denken. Als der Ober kommt, erinnern wir uns, was wir bestellen wollten, entschließen uns aber plötzlich für ein anderes Gericht. Es wäre absurd zu behaupten, unsere Entscheidung wäre bei der ersten Auswahl festgelegt gewesen und wir hätten uns nicht frei umentscheiden können.

Beim Kauf eines Produkts kann die Entscheidung sich fortwährend ändern, je nachdem, welche Argumente oder welche Emotionen gerade auftauchen. Ob das Gehirn hier einmal eine Entscheidung vorbereitet, wie in den genannten Experimenten, ist irrelevant, da eine vom Gehirn vorbereitete Entscheidung durch eine neue Entscheidung ersetzt werden kann. Libet (2007) selbst variierte sein ursprüngliches Experiment in der Weise, dass er die Versuchspersonen bat, sich auf eine Entscheidung vorzubereiten, wenn die Uhr die 10-Sekunden-Marke anzeigte. Diese vorbereitete Entscheidung, den Finger zu bewegen, sollten die Versuchspersonen jedoch unterdrücken, wenn die Uhr die Marke von 100 bis 200 Millisekunden vor der Ausführung der vorbereiteten Bewegung erreichte. Libet fand, dass 100 bis 200 Millisekunden vor der Ausführung der zunächst beabsichtigten Bewegung das gemessene Bereitschaftspotenzial sich verringerte und die Bewegung (genauer: das Muskelpotenzial) nicht auftrat.

Diese Ergebnisse sind mit der Alltagserfahrung kompatibel, dass Entscheidungen, kurz bevor eine Handlung ausgeführt werden soll, revidiert werden können. Libet schreibt hierzu: „Gibt es irgendeine Rolle für den bewussten Willen beim Vollzug einer Willenshandlung? Der bewusste Wille erscheint 150 Millisekunden vor der motorischen Handlung, auch wenn er dem Beginn der Gehirnaktivität um mindestens 400 Millisekunden folgt. Das gestattet ihm möglicherweise, das Endergebnis des Willensprozesses zu beeinflussen oder zu steuern [...] Der bewusste Wille könnte entscheiden, dass der Willensprozess sich vollenden und zu einer motorischen Handlung führen soll. Oder er könnte den Prozess blockieren beziehungsweise ein ‚Veto' einlegen, sodass keine motorische Handlung stattfindet" (Libet, 2007, 177).

Marcel Brass und Patrick Haggard fanden mithilfe der fMRI ein neurobiologisches Korrelat dieses Vetos (Brass/Haggard, 2007). Wie in den Experimenten von Libet et al. (1983) sollten die Versuchspersonen sich frei entscheiden, wann sie einen Knopf drücken wollten, während sie den Zeiger einer Uhr betrachteten. Sie sollten angeben, bei welchem Stand des Zeigers sie sich entschlossen hatten, den Knopf zu drücken. Die Versuchspersonen sollten in einigen Versuchsdurchgängen, die sie selbst auswählen konnten, den Knopfdruck, für den sie sich bereits entschieden hatten, im letztmöglichen Augenblick verhindern.

In den Versuchsdurchgängen, in denen sie den Knopf drückten, hatten sie im Mittel 141 Millisekunden vor dem Knopfdruck die Erfahrung, sich entschieden zu haben. In den Versuchsdurchgängen, in denen der Knopf gedrückt wurde, erschien – wie auch in anderen Studien – ein Signal im präsupplementär-motorischen Areal und im supplementär-motorischen Areal. Verhinderten die Versuchspersonen die Ausführung des Knopfdrucks, so korrelierte dies mit einem Signal im dorsalen frontomedialen Cortex (Abbildung 1; in der Einteilung der corticalen Felder nach Brodmann: Area 9). Dies bedeutet, dass andere Hirnstrukturen für die Unterdrückung einer Reaktion, für die man sich entschieden hat, zuständig sind als die Hirnstrukturen, die den „Vorschlag“ generieren, sich für eine Handlung zu entscheiden.

Blick auf die linke Hirnhemisphäre, nachdem die rechte Hemisphäre entfernt wurde

Abbildung 1

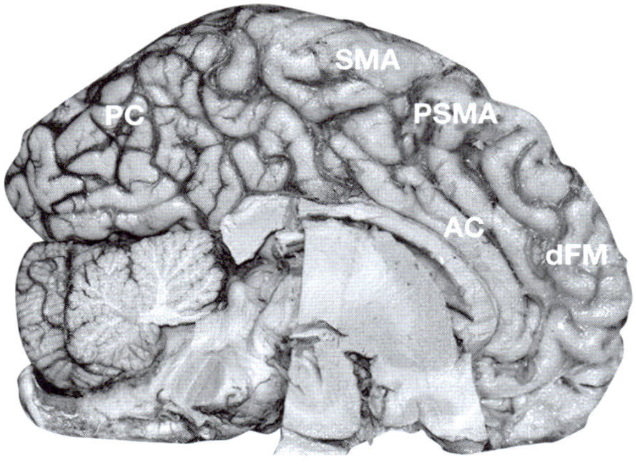

PC: Praecuneus; SMA: supplementär-motorisches Areal; PSMA: präsupplementär-motorisches Areal; AC: vorderer Gyrus cinguli; dFM: dorsaler frontomedialer Cortex.

Präparation: Reinhard Werth

Die aus den beschriebenen Experimenten gemachte Annahme, Entscheidungen würden generell Sekunden, bevor eine Entscheidung bewusst wird, bereits vom Gehirn durchgeführt, erweist sich als völlig realitätsfern, wenn man sich überlegt, wie Entscheidungen gefällt werden. Entscheidungen sind sehr vielfältig und lassen sich keineswegs alle mit den einfachen Entscheidungen in den beschriebenen Experimenten vergleichen. Dies sind im Labor produzierte Sonderfälle, die sich nicht verallgemeinern lassen.

Betrachten wir nur den einfachen Fall der Entwicklung eines Wertpapiers, dessen Verlauf am Computer dargestellt wird. Ein Anleger, der bereits eine bestimmte Summe in dieses Papier investiert hat, beabsichtigt zunächst gar nicht, von diesem Wertpapier hinzuzukaufen, sondern denkt aufgrund seiner Kenntnis des Marktes nur daran, dieses Papier zu halten oder zu verkaufen. Erstaunlicherweise beginnt dieses Papier jedoch, sich positiv zu entwickeln. Obwohl der Trend dieses Papiers nach oben weist, ist der Anleger skeptisch. Doch als die Beschleunigung des positiven Trends plötzlich einen bestimmten Wert überschreitet, kehrt die Skepsis sich in Entschlossenheit und er drückt die Taste für die Option „kaufen". Der Anleger weiß: Wenn man sich für eine Börsentransaktion entscheidet, dann muss dies rasch geschehen, denn Computerprogramme fällen Kauf- oder Verkaufentscheidungen im Bereich von Millisekunden. Von der Wahrnehmung des vom Computer angezeigten Werts bis zum Tastendruck vergehen nicht mehr als ein paar 100 Millisekunden. Die Reaktionszeit eines normalen Menschen auf einen visuellen Reiz liegt bei etwa 200 Millisekunden. Im hier angeführten Beispiel kommt noch eine Entscheidungsreaktionszeit hinzu, die sich aber ebenfalls im Bereich von wenigen 100 Millisekunden bewegen kann.

Die Entscheidung, jetzt zu kaufen, hat der Anleger erst gefällt, als der kritische Wert angezeigt wurde. Erst dann war ihm bewusst, dass der Nutzen der Entscheidung „kaufen" die Kosten, die mit dieser Entscheidung einhergehen konnten, deutlich überstieg. Deshalb konnte sein Gehirn nicht schon Sekunden vorher die Entscheidung, „jetzt zu kaufen", vorausbestimmt haben, wie die angeführten neurobiologischen Untersuchungen uns vermuten ließen. Denn diese Entscheidung erfolgte erst, als der Anleger die entscheidende Information bekam. Und dies geschah in einem Zeitfenster von wenigen 100 Millisekunden. Hätte die Beschleunigung des Trends sich verlangsamt, so hätte er nicht gekauft. Je nach dem Ausmaß der Abschwächung der Beschleunigung hätte die Option gelautet: „halten" oder „verkaufen". Es konnte sich auch nicht um Entscheidungsprozesse handeln, die dem Bewusstsein entzogen waren. Die Entscheidung beruhte auf der Abwägung des Kosten-Nutzen-Verhältnisses und auf der Vermutung des Anlegers darüber, wie groß die Wahrscheinlichkeit für das Eintreten des Kostenfalls und des Nutzenfalls wäre. Die visuell übermittelte Information über die Beschleunigung des Trends war dann entscheidend.

Es gibt Situationen, in denen noch weit mehr Entscheidungsmöglichkeiten bestehen, zwischen denen in möglichst kurzer Zeit ausgewählt werden muss. Solch einer Situation sieht sich ein Kampfsportler gegenüber. Wenn der Gegner beim Boxen einen Schlag „abschickt", kann man die Deckung schließen, man kann nach rechts, nach links oder nach unten ausweichen oder die Distanz zum Gegner vergrößern. Man kann mit verschiedenen Schlagvariationen kontern. Was man tut, hängt davon ab, welchen Schlag der Gegner gerade versucht anzubringen, wie man selbst gerade zum Gegner steht und ob der Gegner eine ungedeckte Körperpartie exponiert.

Sehr gute Boxer fällen Entscheidungen und leiten eine Reaktion in weniger als 150 Millisekunden ein. Während des Kampfs treten jedoch immer wieder Situationen auf, die gerade Boxer, welche ihre ersten Kämpfe bestehen müssen, nie trainiert haben. Dennoch fällen talentierte Boxer in kürzester Zeit die richtigen Entscheidungen. Es handelt sich also nicht um antrainierte Reflexe auf bekannte Situationen. Das Gehirn kann nicht Sekunden, nicht einmal 300 Millisekunden vor dem Schlag des Gegners über die Gegenreaktion entscheiden. Diese Entscheidung muss in kürzerer Zeit stattfinden, da der Schlag, je nach Schnelligkeit des Boxers und zurückzulegendem Weg, weniger als 100 Millisekunden dauert. Antrainierte Reflexe, die ebenfalls vorkommen, sind dagegen Reaktionen, die man nicht steuert, sondern die ohne unser Zutun erfolgen.

Was am Beispiel des Boxens erläutert wurde, gilt auch für andere Situationen, in denen schnell entschieden werden muss. Polizisten müssen lernen, Situationen, in denen Waffen zum Einsatz kommen, rasch richtig zu beurteilen und richtig zu entscheiden, ob sie auf den Täter schießen sollen. Es stellen sich dann die Fragen, ob Unbeteiligte sich in Schussrichtung befinden, ob sich im Hintergrund ein natürlicher Kugelfang befindet, sodass die Kugel nicht weiter fliegt und Schaden anrichtet, ob der Täter eine Geisel in seiner Gewalt hat und ob Körperpartien des Täters sichtbar sind, die sofortige Geschosswirkung garantieren. Hier können keine unbewussten Reflexe oder hoch trainierte Automatismen zum Einsatz kommen, sondern es müssen sichere Entscheidungen in komplexen Zusammenhängen gefällt werden. Deshalb muss im Training darauf geachtet werden, dass die Fähigkeit trainiert wird, komplexe Situationen rasch zu erfassen und in kurzer Zeit mit hoher Zuverlässigkeit die richtigen Entscheidungen zu fällen. Unbewusst ablaufende Automatismen oder Reflexe wären hier fatal. Diese Beispiele machen deutlich, dass man nicht behaupten kann, in kurzer Zeit gefällte Entscheidungen seien nur hoch automatisierte Reflexe.

Die These, wir würden lediglich annehmen, bewusste Entscheidungen gefällt zu haben, doch in Wirklichkeit seien unsere Entscheidungen durch unbewusste Prozesse zustande gekommen, wurde auch von psychologischer Seite aufgestellt (Wegner/Wheatley, 1999). Diese These wurde aus Experimenten hergeleitet, in denen bei Versuchspersonen die Illusion hergestellt wurde, eine bestimmte Handlung (zum Beispiel am Computer einen Cursor auf ein bestimmtes Bild zu lenken) sei ihre eigene Entscheidung gewesen, obwohl ihnen unbekannte experimentelle Manipulationen dafür verantwortlich waren. Doch daraus zu folgern, unsere Willensentscheidungen seien generell durch unbewusste Prozesse gesteuert, ist genauso abwegig wie die Behauptung, die erkennbare Falschheit der Ursachenzuweisung, ein Kaninchen sei in dem Hut des Zauberers entstanden, beweise, dass wir generell die wirklichen Ursachen der Herkunft von Kaninchen nicht erkennen könnten.

Wenn wir die fragwürdige Annahme machen, dass die in Experimenten registrierte neuronale Aktivierung das Korrelat eines abgeschlossenen Entscheidungsprozesses war, die Entscheidung also unbewusst erfolgte, so tritt ein weiteres Problem auf: die Unterscheidung von willkürlichen und unwillkürlichen Entscheidungen. An Patienten mit einer Schädigung des Frontallappens lassen sich mehrere Arten unwillkürlicher Verhaltensweisen beobachten.

Eine davon ist das „Nutzungsverhalten“, „Utilization Behavior“ (Lhermitte, 1983; 1986; Lhermitte et al., 1986). Dies besteht darin, dass diese Patienten, ohne sich bewusst dafür entschieden zu haben und ohne es beeinflussen zu können, ganze Verhaltenssequenzen ausführen. Sehen sie zum Beispiel ein Blatt Papier und einen Briefumschlag, so falten sie das Papier, stecken es in den Briefumschlag und kleben diesen zu. Kommen die Patienten in einen fremden Raum, in dem ein Bett steht, so beginnen sie, sich zu entkleiden und legen sich ins Bett (Lhermitte, 1986). Die Bewegungsabfolge ist völlig korrekt, doch das Verhalten ist der Situation nicht angemessen.

Angenommen, alle Entscheidungen würden unbewusst gefällt, so bestünde der Unterschied zwischen unwillkürlichem Verhalten und Verhalten aufgrund einer Willensentscheidung nur darin, dass unwillkürliche Bewegungen hirngeschädigter Patienten der Situation unangemessen sind, Willkürbewegungen aber der Situation angemessen sind. Beide wären jedoch unbewusst zustande gekommen, also unwillkürlich. Willkürverhalten erschiene uns nur, willkürlich zu sein.

Damit Entscheidungen zu einem angemessenen Verhalten führen, müssen Kosten und Nutzen, die mit einer Entscheidung einhergehen, sorgfältig gegeneinander abgewogen werden. Dies gilt zum Beispiel beim Kauf eines Produkts. Wird etwa ein Auto gekauft, so kommen zahlreiche Faktoren ins Spiel, die den Kauf beeinflussen. Ein wichtiger Aspekt sind die Emotionen, die mit dem Produkt „Auto“ verbunden sind. Diese werden wesentlich vom Design und von der öffentlichen Meinung über das Produkt beeinflusst. Welche Wirkung Design und öffentliche Meinung auf den Käufer haben, wird wiederum davon bestimmt, welche soziale Stellung der Käufer sich selbst zuschreibt und wie er erscheinen möchte.

Vieles davon ist dem Kunden selbst nicht bekannt. Er erlebt zwar die Begeisterung für das Fahrzeug, kann aber nur zu einem gewissen Teil sagen, wie diese Begeisterung zustande kommt. Hinzu treten rationale Argumente, wie Reparaturanfälligkeit und Wirtschaftlichkeit, deren Gewichtung im Vergleich zu den emotionalen Aspekten von der Persönlichkeit des Kunden abhängt. Es sind zahlreiche Aspekte, die rational gegeneinander abzuwägen sind und die letztlich zur Kaufentscheidung führen.

Komplexe logische oder mathematische Gedankengänge, die in Entscheidungen eingehen, können nicht unbewusst vollzogen werden. Solche Entscheidungen müssen im Rahmen bewusster Entscheidungsprozesse gefällt werden. Rationale Entscheidungen sind keine Versuche, eine unbewusst gefällte irrationale Entscheidung nachträglich zu rationalisieren, und unterscheiden sich damit grundlegend vom unbewusst gesteuerten „Nutzungsverhalten“. Es gibt also bewusste Entscheidungen, in denen Kosten und Nutzen gegeneinander abgewogen werden und rationale Operationen durchgeführt werden, und unbewusst gefällte Entscheidungen.

Um beide gegeneinander abzugrenzen, bedarf es eines eindeutigen Begriffsrahmens. Auf einen solchen Begriffsrahmen wird jedoch in der Interpretation der genannten

Experimente verzichtet. Die Behauptung, Entscheidungen würden unbewusst gefällt, kann daher nicht als wissenschaftliche Aussage gelten. Allein die Feststellung, dass eine Person nicht verbal über ein Erlebnis berichtet, kann nicht kritiklos als Kriterium für mangelnde Bewusstheit gewertet werden. Ein wissenschaftlicher Begriffsrahmen, der es erlaubt, zwischen unbewussten und bewussten Entscheidungen zu differenzieren, wird im folgenden Kapitel 5 entwickelt.

Zusammenfassend lässt sich ein wichtiger Punkt festhalten – die Behauptung, es gebe keinen freien Willen, ist aus mehreren Gründen wissenschaftlich unhaltbar:

- Die dieser Aussage zugrunde liegenden Begriffe „determiniert“ und „frei“ sind vage und wurden nicht präzisiert. Damit sind auch die Aussagen über die Willensunfreiheit vage und genügen nicht wissenschaftlichen Ansprüchen.

- Die Präzisierung des Begriffs der Determiniertheit zeigt, dass es sich bei der Behauptung der Willensunfreiheit um eine inhaltsleere Aussage (eine Tautologie) handelt.

- Den elektrischen und fMRI-Signalen, die vor der bewussten Erfahrung, eine Entscheidung gefällt zu haben, auftreten, wird eine neurobiologische Bedeutung zugesprochen, die sowohl aus methodischen als auch aus neurobiologischen Gründen nicht gesichert ist.

- Die experimentellen Ergebnisse werden in unzulässiger Weise auf Entscheidungssituationen, die von den in den Experimenten untersuchten Entscheidungssituationen verschieden sind, ausgedehnt.

5 Warum es einen freien Willen gibt

5.1 Willensentscheidungen als subjektiver Prozess

Nun stellt sich die Frage, wie wir den Begriff der Willensfreiheit präzisieren können, ohne auf den Begriff der Determiniertheit (ursächliche Bedingtheit) zurückzugreifen. Eine notwendige Bedingung dafür, dass eine Person, nennen wir sie P, zu einem bestimmten Zeitpunkt (nennen wir ihn t) frei entscheiden konnte, ist, dass sie sich zu diesem Zeitpunkt zwischen mindestens zwei Alternativen (die wir als A und B bezeichnen wollen) entscheiden konnte. Wie aber soll man feststellen, ob eine Person P sich zu einem bestimmten Zeitpunkt frei entscheiden konnte?

Angenommen, eine Person erscheint mit dem Verdacht auf eine cerebrale Durchblutungsstörung in der Klinik und wir wollen untersuchen, ob ein Arm in seinen Bewegungen eingeschränkt ist. Im einfachsten Fall würden wir P in (pseudo-)zufälliger Reihenfolge bitten, einmal den linken und einmal den rechten Arm zu heben. Wir können P auch bitten, selbstständig, also ohne Aufforderung, abwechselnd einmal den linken und einmal den rechten Arm in verschiedene Richtungen zu bewegen. Haben wir dies eingehend geprüft und festgestellt, dass P nach Belieben den linken und den rechten Arm uneingeschränkt bewegen kann, so sehen wir uns zu der gesetzmäßigen Aussage berechtigt, Folgendes zu behaupten: „Wenn immer P gebeten wird, den linken Arm zu bewegen, so kann P dies, und wenn immer P gebeten wird, den rechten Arm zu bewegen, so kann P auch dies, und P kann beide Arme spontan in jede Richtung bewegen." Darüber hinaus haben wir uns davon überzeugt, dass P beide Arme auch in Situationen des Alltags richtig einsetzen kann, diesbezüglich also keine Behinderung besteht.

Der Arzt weiß, dass sich an diesem Befund nichts ändert, wenn keine neue neurologische Erkrankung oder keine Erkrankung des Bewegungsapparats auftritt. Nun könnte man einwenden, dass dies zwar für alle bisher untersuchten Situationen gelte, man aber nicht daraus ableiten könne, dass das auch für eine künftige Situation zutreffe. Dies ist genau so, wie wenn man einen Stein unter bestimmten Bedingungen immer wieder fallen lässt und feststellt, dass er zu Boden fällt. Dann kann man ebenfalls ein Naturgesetz aufstellen, das für alle Zeitpunkte gilt. Man kann also herausfinden, wovon es abhängt, ob der Stein zu Boden fällt. Zu sagen: „Vielleicht hätte P zu einem nicht untersuchten Zeitpunkt den Arm nicht heben können", ist genauso abwegig, wie zu sagen: „Vielleicht wird der zu einem zukünftigen Zeitpunkt unter den gleichen Bedingungen fallen gelassene Stein nicht zu Boden fallen."

Ganz allgemein gilt, dass man nur dann von bisher beobachteten Fällen auf nicht untersuchte Fälle (die zum Beispiel in der Zukunft liegen) schließen kann, wenn man eine Aussage der Form aufstellt: „Wenn immer eine bestimmte Bedingung besteht (zum Beispiel ein Stein aus einer bestimmten Höhe fallen gelassen wird oder eine Person gebeten wird, einen bestimmten Arm zu bewegen), dann hat dies eine bestimmte Konsequenz (zum Beispiel der Stein fällt zu Boden; die Person bewegt den betreffenden Arm). Genau so, wie sich voraussagen lässt, dass ein Stein zu Boden fallen wird, lässt sich voraussagen, dass eine Person zu einem Zeitpunkt, zu dem sie den linken Arm gehoben hat, auch den rechten Arm hätte heben können. Wenn eine Person, die A getan hat, auch B hätte tun können, so sagen wir, ihr Verhalten sei bezüglich der Alternativen A und B variabel.

Es kann jedoch sein, dass es nicht immer, sondern nur mit einer bestimmten Wahrscheinlichkeit gelingt, nach einer Erkrankung den rechten Arm zu heben. Eine Sängerin kann sich entscheiden, das H oder das C zu singen, trifft die Töne jedoch nur mit einer gewissen Wahrscheinlichkeit. Sie hätte anstelle des H das C mit einer gewissen Wahrscheinlichkeit singen können. Ihr Verhalten ist also nur zu einem gewissen Grad bezüglich der Alternativen, ein H oder ein C zu singen, variabel. Es ist auch möglich, dass jemand sich entscheidet, eine Handlung auszuführen, aber die Handlung nicht zustande bringt.

Um zu beurteilen, ob diese Person sich für die betreffende Handlung entschieden hat, muss untersucht werden, ob die Kriterien dafür erfüllt sind, dass sie versucht hat, die Handlung zu vollziehen. Eine Sängerin kann zum Beispiel erfolglos versuchen, das C zu singen. Bei jemandem, dem es nicht gelingt, einen Arm zu heben, können dennoch Muskelpotenziale in den dafür benötigten Muskeln nachweisbar sein. In beiden Fällen wurde nachweislich versucht, ein bestimmtes Ergebnis zu erreichen.

Nun lässt sich untersuchen, wie groß die Wahrscheinlichkeit dafür ist, dass jemand eine Handlung zustande bringt oder dass jemand versucht, eine Handlung zustande zu bringen. Diese Wahrscheinlichkeit wollen wir mit v bezeichnen.

Dass ein Verhalten bezüglich zweier oder mehrerer Alternativen variabel ist, bedeutet allerdings nicht, dass eine Person sich bewusst zwischen beiden Alternativen entscheiden kann. In dem angeführten Beispiel „linken oder rechten Arm heben“ liegt die Vermutung einer freien Willensentscheidung zwar nahe. Sie ist aber noch nicht bewiesen. Um sich dies zu verdeutlichen, braucht man sich nur einmal zu überlegen, welche Verhaltensweisen, von denen wir keine Kenntnis haben, nach dieser Begriffsfestlegung variabel sind. Dazu gehört zum Beispiel der Blutdruck. Dieser könnte um 3 Uhr 120 zu 80 mm Hg (Millimeter Quecksilbersäule), aber auch 122 zu 81 mm Hg betragen haben. Der Blutzucker, der um 6 Uhr den Wert von 80 mg/dl aufwies, hätte auch 85 mg/dl betragen können. Von dieser Variabilität unserer Körperfunktionen haben wir keine Kenntnis. Wir können uns auch nicht entscheiden, einen Blutdruck von 120 zu 80 mm Hg oder einen Blutzucker von 80 mg/dl zu haben. Dennoch sind diese Körperfunktionen variabel. Wir nennen sie deshalb unbewusst.

Was aber zeichnet eine bewusste Entscheidung aus? Um dies zu verstehen, betrachten wir den Fall von Patienten mit einer bestimmten, auf einer Hirnschädigung beruhenden Störung. Diese Störung besteht darin, dass zum Beispiel ein Arm sich bewegt, ohne dass der Patient dessen gewahr wird. Es kann also sein, dass er eine Hand in die Suppe legt, dies aber erst bemerkt, wenn er das Malheur sieht. Die Bewegung seines Armes geschah jedoch ohne sein Wissen. Man könnte sagen, das Gehirn habe sich ohne das Wissen des Patienten „entschieden“, die Hand in die Suppe zu legen. Aber der Patient ist nicht dafür verantwortlich, weil dies unwillentlich geschah. Diese Handlung beruhte nicht auf einer „bewussten Willensentscheidung“.

Im Fall einer bewussten Willensentscheidung stellt die Situation sich anders dar. Entscheiden wir uns, den linken Arm zu bewegen, so können wir voraussagen: „Ich werde in einer Minute den linken Arm bewegen.“ Es lässt sich objektiv nachprüfbar feststellen, dass die Voraussage einer Person, ob und wann sie den linken Arm bewegen wird, immer richtig ist. Niemand außer der Person selbst kann eine solche Voraussage machen. Wir können nur das Verhalten einer Person untersuchen. In den in Kapitel 4 angeführten Experimenten von Libet et al. (1983), Haggard/Eimer (1999) und Soon et al. (2008; 2013) können wir noch Hirnfunktionen einer Person untersuchen und daraus auf die Reaktion der Person schließen.

Aber alle diese Voraussagen, die wir über das Verhalten einer Person machen, sind unsicher und können nur mit einer bestimmten Wahrscheinlichkeit gemacht werden. Die untersuchte Person selbst kann Voraussagen wie: „Ich werde in einer Minute meinen linken Arm heben“ dagegen mit absoluter Sicherheit machen. Zudem braucht sie keinerlei Untersuchungen über ihr eigenes Verhalten oder Gehirnprozesse anzustellen, um ihr Verhalten vorauszusagen.

Die Vorgehensweise, mit der man Aussagen über andere Personen machen kann, nennen wir „objektivistisch“. Die Art, in der Personen ihr eigenes Verhalten voraussagen können, ohne objektivistische Untersuchungen anstellen zu müssen, nennen wir „mentalistisch“ (Werth, 1983; 2010). Dass diese mentalistische Art der Voraussage des eigenen Verhaltens möglich ist, lässt sich objektiv feststellen. Das bedeutet, dass es objektivistisch nachweisbar ist, dass ein privilegierter Zugang zu unseren eigenen Entscheidungen besteht. Was für eine Person nicht mentalistisch voraussagbar ist, beruht auf einer unbewussten Entscheidung. Was mentalistisch voraussagbar ist, beruht auf einer bewussten willentlichen Entscheidung.

Es gibt durchaus Situationen, in denen wir falsche mentalistische Voraussagen machen. Wir können zum Beispiel überzeugt sein, den linken Arm nicht zu bewegen, und dennoch bewegt er sich. Dann nennen wir diese Bewegung „unwillkürlich“. Mentalistische Voraussagen können nur manchmal, das heißt mit einer bestimmten Wahrscheinlichkeit, richtig sein. Das kann zum Beispiel nach einer neurologischen Erkrankung der Fall sein, die dazu führt, dass wir sagen: „Ich werde jetzt meinen linken Arm heben“, aber die Bewegung ist nicht immer möglich.

Wie soll man dann entscheiden, ob die Person die Bewegung überhaupt ausführen wollte? Hier wenden wir allgemeingültige Aussagen über das Verhalten von Personen in der gleichen Situation an. Wissen wir, dass eine Person wieder Auto fahren möchte, so gibt es keinen Grund zu der Annahme, die Person simuliere eine eingeschränkte Beweglichkeit. Untersuchen wir aber die Arbeitsfähigkeit, so kann es schon eher sein, dass die Person simuliert, um die Arbeitsunfähigkeit bescheinigt zu bekommen. Wir machen dann die Annahme, dass unser Patient den Arm bewegen könnte, wenn er dadurch ein für ihn günstiges ärztliches Gutachten bekäme.

Die Bedeutung des Unterschieds zwischen mentalistischer und objektivistischer Voraussage lässt sich auch am Beispiel einer Erhebung zum Käuferverhalten verdeutlichen. Angenommen, man untersucht, ob ein neues Automodell vom Käufer positiv wahrgenommen wird. Dann kann man objektivistisch untersuchen, wie eine bestimmte potenzielle Käuferschicht sich bisher verhielt, wenn der Autobauer M ein neues Modell einer bestimmten Klasse auf den Markt brachte. Angenommen, die Untersuchung ergibt, dass 70 Prozent der betreffenden Käuferschicht auch das Nachfolgemodell des Autobauers M kauften. Befragt man nun aber eine repräsentative Stichprobe dieser Käuferschicht, so geben die Teilnehmer zu 90 Prozent an, das Nachfolgemodell mit Sicherheit kaufen zu wollen.

Nehmen wir an, diese Käufer seien bestens über das neue Modell informiert und es gäbe weder ein neues Modell der Konkurrenz noch negative Tests, welche die Meinung dieser Käufer beeinflussen könnten, so dürfen wir davon ausgehen, dass 90 Prozent (abzüglich eines Unsicherheitsfaktors) das Nachfolgemodell kaufen. Diese Käufer haben nicht deshalb vorausgesagt, dass sie das Nachfolgemodell kaufen, weil sie ihr eigenes Verhalten in der Vergangenheit untersucht haben und zu der Erkenntnis gelangt sind: „Daraus, dass ich mich damals so verhalten habe, ziehe ich den Schluss, dass ich mich auch jetzt so verhalten werde." Selbst wenn sie bisher nur ein Auto besessen und nie ein Nachfolgemodell erworben haben, also keine Beobachtungen bestehen, aus denen sich auf zukünftiges Kaufverhalten schließen lässt, können sie mentalistisch voraussagen, wie sie sich verhalten werden. Dies ist möglich, weil sie einen besonderen, privilegierten Zugang zu ihrer eigenen Entscheidungsfindung haben.

Dass dies so ist, lässt sich mit objektivistischen Methoden nachweisen. Gerhard Roth führt im vorliegenden Band das Beispiel an, man könne nicht voraussagen, was man heute Abend tun werde, weil viele Dinge sich ändern können, die die Voraussage zunichtemachen. Dies trifft natürlich zu, da eine solche Voraussage nicht rein mentalistisch ist. Die Aussage „Ich *möchte* heute Abend ins Kino gehen" ist nicht gleichzusetzen mit der Aussage: „Ich *werde* heute Abend ins Kino gehen." Was ich tun werde, kann ich nicht sicher voraussagen, da alles Mögliche dazwischenkommen kann, das den Gang ins Kino verhindert. Aber dass ich ins Kino gehen *möchte*, ist eine mentalistische Voraussage, die zu interpretieren ist als: „Wenn jetzt Abend wäre und die Bedingungen so wären, wie ich jetzt annehme, dann würde ich ins Kino gehen." Das angeführte Beispiel von Gerhard Roth spricht also in keiner Weise gegen die Tatsache einer mentalistischen Voraussage. Habe ich mich in der Uhrzeit getäuscht und stelle fest, dass es ja schon Abend ist, so werde ich ins Kino gehen, was die Richtigkeit meiner mentalistischen Voraussage belegt.

Mentalistische Voraussagen spielen eine entscheidende Rolle bei Befragungen. Fragt man jemanden auf dem Weg zum Wahllokal: „Welche Partei wählen Sie", so könnte die Antwort lauten: „CVP". Diese Antwort kann bedeuten: „Ich habe mich entschieden, CVP zu wählen." Die Antwort „CVP" ist dann eine mentalistische Voraussage aufgrund eines subjektiven Entscheidungserlebnisses (das mithilfe eines Abstraktionsoperators bezeichnet wird). Die Antwort kann aber auch objektivistisch zu interpretieren sein als: „Wie ich mich kenne, stehe ich in der Wahlkabine und weiß nicht, was ich wählen soll. Alle großen Parteien sind mir gleich unsympathisch. Wahrscheinlich wähle ich die CVP, weil ich immer so gewählt habe." Die Voraussage beruht dann auf der Beobachtung des eigenen Wahlverhaltens und ist deshalb nicht mentalistisch. Eine solche Voraussage ist unsicherer als die mentalistische.

Es existiert also nachweislich ein privilegierter Zugang zu unseren Entscheidungen und dieser privilegierte Zugang hat eine praktische Bedeutung. Sprachphilosophen wie Ludwig Wittgenstein und Gilbert Ryle irrten, wenn sie die Annahme eines subjektiven Bewusstseins und die Existenz eines privilegierten Zugangs zu dieser Welt des Subjektiven nur als eine Folge sprachlicher Verwirrungen betrachteten. So sah Wittgenstein diesen Begriff nicht als Teil des intersubjektiv gültigen „Sprachspiels" an. Für ihn glich das Bewusstsein, zu dem man einen privilegierten Zugang zu haben glaubt, einem Käfer, den jede Person in ihrer Schachtel hat. Jede Person hat nach dieser Annahme nur selbst einen privilegierten Zugang zu diesem Käfer. Wittgenstein meint, „durch das Ding in der Schachtel [das subjektive Bewusstsein] kann gekürzt werden; es hebt sich weg, was immer es ist" (Wittgenstein, 1960, § 293). Ryle (1949) diskreditierte ein subjektives Bewusstsein, zu dem die Person einen privilegierten Zugang hat, als ein „Gespenst in der Maschine". Auch der psychologische Behaviorismus hielt ein subjektives Bewusstsein für wissenschaftlich irrelevant (Skinner, 1953).

Die psychologische Forschung und die psychotherapeutische Praxis zeigten jedoch, dass der behavioristische Rahmen zu eng und der Bezug auf subjektives Erleben unverzichtbar war. Durch die Einsicht, dass eine behavioristische Psychologie nicht hinreichend ist, Menschen und Tiere in ihrer Komplexität zu beschreiben, fanden Begriffe, die sich auf bewusstes Erleben beziehen, wieder Eingang in die Psychologie. Doch obwohl Psychologie und Neurobiologie nicht auf Begriffe, die sich auf bewusstes Erleben beziehen, verzichten können, wurde diesen Begriffen in der aufkommenden Kognitiven Psychologie keine wissenschaftlich präzise Bedeutung verliehen und sie wurden in ihrer intuitiven, alltagssprachlichen Bedeutung verwendet (Posner/Warren, 1972; Posner/Klein, 1973; Mandler, 1975).

Wird heute zum Beispiel vom „Sehen", von dessen neurobiologischen Grundlagen und Störungen gesprochen, so ist damit nicht allein „visuelle Reizverarbeitung" gemeint, sondern ein bewusstes visuelles Seherlebnis, das normal sein oder in unterschiedlicher Weise gestört sein kann. Diese subjektiven Erlebnisse, zu denen auch die bewusste Wahrnehmung von Entscheidungsalternativen und das Entscheidungserlebnis selbst gehören, lassen sich in der Alltagssprache nicht präzise erfassen. Deshalb wurden solche subjektiven Erlebnisse als sogenannte Abstraktionen von mentalistisch vorhersagbaren Entscheidungen aufgefasst (Werth, 1983).

Die mentalistische Voraussage der Person P: „Ich habe mich entschieden, jetzt V zu tun", wird mithilfe eines Abstraktionsoperators des Kalküls der Abstraktionslogik (Blau, 1981) zu einer Abstraktion. Wenn L(AB) (zu lesen: L von A B) heißt: „A liebt B", so wird daraus mithilfe des Abstraktionsoperators ß der Ausdruck ß[L(AB)], der (zu lesen: die Abstraktion von L von A B) die Liebe von A zu B bezeichnet. Wenn M[E(PV)] bedeutet (zu lesen: M von E von P V): „P trifft die Entscheidung, V zu tun, und P kann mentalistisch richtig voraussagen, dass er V tun wird", so bezeichnet ß[M(E(PV))] die mentalistisch vorhersagbare Entscheidung, V zu tun. Wir sagen dann, ß[M(E(PV))] bezeichne die bewusste Erfahrung, sich für V entschieden zu haben. Dass P eine mentalistisch vorhersagbare Entscheidung trifft, können wir objektiv nachprüfbar feststellen, und wir können diese Entscheidung in einem mathematischen Kalkül exakt formulieren. Welches Erlebnis mit dieser Entscheidung verbunden ist, können wir selbst erleben, wenn wir dieselbe Entscheidung fällen.

Diese Begriffe entsprechen natürlich nicht der Alltagssprache. Wie in allen Wissenschaften haben wir auch hier einen Begriffsrahmen entworfen, mit dem wir das, was wir in der Alltagssprache nur vage ausdrücken können, exakt formulieren können. Schließlich beschreibt auch die Physik die Welt nicht in Begriffen der Alltagssprache. Doch können wir in der Sprache der Physik alles ausdrücken, was wir alltagssprachlich ausdrücken, und darüber hinaus auch das, was alltagssprachlich nicht mehr fassbar ist.

5.2 Frei im Rahmen des Entscheidungsspielraums

Doch Entscheidungen sind nicht immer entweder völlig frei oder völlig unfrei. Eine Entscheidung zwischen Alternativen, von denen die eine geringe Kosten und einen hohen Nutzen bringt und die andere mit hohen Kosten und geringem Nutzen einhergeht, kann nicht als uneingeschränkt frei bezeichnet werden (der Einfachheit halber wollen wir andere relevante Faktoren, wie Grenznutzen, Risikobereitschaft des Entscheiders oder die Wahrscheinlichkeit dafür, dass Kosten und Nutzen eintreten, außer Acht lassen). Denn nur eine einzige Entscheidung dient dem Ziel, hohen Nutzen und geringe Kosten zu erzeugen. Ein rationaler Entscheider kann also nur eine einzige rationale Entscheidung treffen. Jede andere Entscheidung wäre irrational. Eine solche Entscheidung wäre nur insofern als frei zu bezeichnen, als die Person prinzipiell anders handeln könnte. Das bedeutet, dass sie anders handeln würde, wenn das Kosten-Nutzen-Verhältnis sich ins Gegenteil verkehrte.

Oft werden Entscheidungen allerdings nicht allein durch objektive Kosten-Nutzen-Verhältnisse und objektive Wahrscheinlichkeiten bestimmt. Irrationaler Glaube, vage Hoffnungen, momentane Stimmungen, Verwirklichung eines Selbstbilds und andere schwer erfassbare Faktoren gehen oft in Entscheidungen ein und übertönen die Warnungen der Vernunft. Um zu untersuchen, wie groß der Entscheidungsspielraum von Personen ist, müssen wir uns fragen, welche objektiv messbaren Größen eine Entscheidung in welcher Weise beeinflussen würden.

Besteht zum Beispiel eine ausgeprägte Substanzabhängigkeit mit schweren Entzugserscheinungen, wie dies etwa beim Alkoholismus der Fall ist, so werden oft finanzieller Ruin und völliger sozialer Abstieg in Kauf genommen, um das Leben ganz auf den Alkoholkonsum auszurichten. Allein diese Lebensumstände zeigen, wie gering der Entscheidungsspielraum ist. Das Gleiche gilt für Drogen wie Crack oder Heroin. Unterschiedlich stark ausgeprägt ist die Abhängigkeit beim Zigarettenrauchen. In manchen Fällen wird das Rauchen trotz bereits schwerer Erkrankung fortgesetzt und der Tod in Kauf genommen. Andere Personen sind in der Lage, dem Rauchen durch eigene Willenskraft zu entsagen. Leichter ist es, Vorlieben für ungesunde Ernährung oder Bewegungsmangel abzubauen. Hier genügen bisweilen schon ärztliche Warnungen. Wir haben es also mit sehr unterschiedlichen Graden der Entscheidungsfreiheit zu tun.

Der Grad der Willensfreiheit beim Fällen einer Entscheidung lässt sich bis zu einem gewissen Ausmaß in Zahlen fassen. In den meisten Alltagssituationen ist es jedoch ein nicht numerisches Abwägen zwischen Entscheidungsalternativen. Auch bei der Beurteilung des Grads der Willensfreiheit anderer Personen kann der Grad der Entscheidungsfreiheit und damit der Willensfreiheit berechnet werden. Im Strafrecht wird man sich hingegen auf qualitative Untersuchungen stützen müssen, etwa zum Kosten-Nutzen-Verhältnis, zu den angenommenen Eintrittswahrscheinlichkeiten der Konsequenzen der Tat, zur Risikobereitschaft oder zu subjektiven Bewertungen des Täters.

Wie frei eine Entscheidung ist, bemisst sich zum Beispiel am Kosten-Nutzen-Verhältnis, den subjektiv angenommenen Wahrscheinlichkeiten dafür, dass die Kosten und der Nutzen eintreten, dem Grenznutzen, der Risikobereitschaft oder den subjektiven Bewertungen des Entscheiders – allesamt Kriterien, die mit den Entscheidungsalternativen E_1, E_2, ... E_k einhergehen. Diese Aspekte, die mit einer Entscheidungsalternative verbunden sind, bezeichnen wir mit dem Buchstaben g und sprechen vom Grad g. Der Entscheidungsalternative E_1 entspricht dann der Grad g_1, der Entscheidungsalternative E_2 der Grad g_2 und der Entscheidungsalternative E_k der Grad g_k. Der Grad g kann nach Bedarf in weitere Grade aufgegliedert werden.

Nehmen wir einen rationalen Entscheider an, so sind nur diejenigen Entscheidungen völlig frei, deren Alternativen gleiche Kosten verursachen und gleichen Nutzen bringen und auch hinsichtlich aller anderen Faktoren identisch sind. Das bedeutet, dass der Grad g beider Entscheidungen gleich ist. Dann kann man die Entscheidung auch durch einen Münzwurf herbeiführen. Es ist völlig gleich, ob Kopf oder Zahl das Ergebnis dieses Münzwurfs ist. Jede Entscheidung, die aufgrund des Münzwurfs gefällt wird, ist rational. Eine solche Situation ist zum Beispiel in den in Kapitel 4 beschriebenen Experimenten gegeben, welche die Willensunfreiheit nachweisen sollen.

Wir haben bisher drei Grade kennengelernt, die für den Grad der Willensfreiheit ausschlaggebend sind:

- den Grad v der Variabilität von Entscheidungsalternativen, der durch die Wahrscheinlichkeit bestimmt wird, mit der ein Entscheider Handlungsalternativen ausführen kann beziehungsweise mit der ein Entscheider nachweislich versucht, Handlungsalternativen auszuführen (vgl. Kapitel 5.1),

- den Grad m, zu dem der Entscheider richtige mentalistische Voraussagen machen kann,

- die Grade g_1, g_2, … g_k, die das Kosten-Nutzen-Verhältnis, die Wahrscheinlichkeiten des Eintretens von Kosten und Nutzen, den Grenznutzen, die Risikobereitschaft des Entscheiders und die subjektiven Bewertungen des Entscheiders repräsentieren. Diese Grade gehen mit den Ereignissen einher, die den Entscheidungsalternativen E_1, E_2, ... E_k entsprechen.

Damit lässt sich der Begriff der freien Willensentscheidung wie folgt definieren:

> *Die Entscheidung einer Person P zwischen den Alternativen E_1, E_2, ... E_k ist eine zum Grad m bewusste Willensentscheidung, die frei ist, relativ zum Grad v und zum Verhältnis der Grade g_1, g_2, … g_k zueinander, wenn die Wahrscheinlichkeit von $v > 0$ und wenn m größer ist, als es dem Zufall entspricht.*

Wenn also m so geartet ist, dass die Versuche der mentalistischen Voraussage nur dem Zufall entsprechen und diese nicht positiv mit den eintretenden Handlungen korrelieren, so liegt keine mentalistische Voraussage vor und die „Entscheidung" ist unbewusst. Ist $v = 0$, so kann P die Handlung, für die P angibt, sich entschieden zu haben, nicht ausführen und es ist nicht nachweisbar, ob P versucht hat, die Handlung auszuführen. Dann wissen wir nicht, ob P sich wirklich für diese Handlung entschieden hat. Ist $v = 1$, so bedeutet dies, dass P die Handlung mit Sicherheit ausführen kann.

Ist $v > 0$ und m größer, als es dem Zufall entspricht, so hängt die Freiheit einer bewussten Entscheidung nur noch von dem Verhältnis der Grade g_1, g_2, … g_k ab. Dominiert einer dieser Grade (zum Beispiel g_2) alle anderen, so ist die Entscheidung zu dem Verhältnis von g_2 zu allen anderen g_1 … g_k frei. Ab einem bestimmten Grad der Dominanz von g_2 würden wir dann umgangssprachlich von Unfreiheit sprechen, da die Entscheidung feststeht. Alle denkbaren Abstufungen zwischen v, m und g, die unterschiedliche Aspekte von Willensentscheidungen zum Ausdruck bringen, sind umgangssprachlich nicht differenziert auszudrücken.

Das gilt in gleicher Weise für Straftaten. Wer sich zur Beschaffung einer Droge und zur Abwendung schwerer Entzugserscheinungen die finanziellen Mittel durch Straftaten besorgt, hat kaum einen Entscheidungsspielraum. Der Abhängige wäre durch nichts von der Tat abzuhalten gewesen. Er hätte alle Konsequenzen in Kauf genommen und wäre jedes Risiko eingegangen, um die finanziellen Mittel für den Erwerb der Droge zu beschaffen. Es ist klar, dass er keine Kosten und keine Risiken scheut. Der mit der Straftat verbundene Nutzen, das heißt der Drogenkonsum (Grad g_1), ist so groß, dass die damit verbundenen hohen Kosten (Grad g_2) akzeptiert werden. Dieses ist das Kriterium für den geringen Entscheidungsspielraum.

Anders verhält es sich, wenn die Straftaten lediglich der eigenen Bereicherung dienen. Diese Täter stehen meist unter keinem besonderen Druck, solche Straftaten zu begehen (Grad g_1 des Nutzens ist nicht sehr hoch). Ernsthafte negative Konsequenzen werden nicht in Kauf genommen. Gerade bei Wohnungseinbrüchen ist die Aufklärungsquote sehr gering, sodass ein minimales Risiko besteht, entdeckt zu werden (geringer Grad der Kosten g_2). Daraus folgt, dass die Straftat auch dann begangen wird, wenn keine grandiose Beute zu erwarten und diese für den Täter nicht überlebenswichtig ist.

Außerdem haben mögliche Strafen oft keine abschreckende Wirkung. In bestimmten Kulturkreisen werden Bewährungsstrafen nicht als Strafen wahrgenommen und zeitlich begrenzte Gefängnisstrafen sogar als soziale Auszeichnungen betrachtet. In den Gewässern vor Somalia werden zum Beispiel einzig Handelsschiffe ohne bewaffneten Begleitschutz – und damit relativ gefahrlos für die Täter – gekapert (geringer Grad g_2 der Kosten). Unter solchen Umständen bedarf es keines besonders hohen Handlungsdrucks (geringer Grad g_1 des Nutzens), Straftaten zu begehen. Die Entscheidungsfreiheit ist kaum eingeschränkt. In allen diesen Beispielen ist von den Tätern mentalistisch mit Sicherheit voraussagbar, dass sie versuchen werden, die Tat zu begehen ($m = 1$), und die Tat ist mit hoher Wahrscheinlichkeit durchführbar beziehungsweise es wird der Versuch unternommen, diese durchzuführen (zum Beispiel $v > 0{,}9$).

Ist der Entscheidungsspielraum gering, so sind es auch die Willensfreiheit und die Schuld. Je größer der Entscheidungsspielraum ist, desto größer sind die Willensfreiheit und die Schuld.

Nun könnte man einwenden, dass auch dann, wenn Entscheidungsalternativen zur Verfügung stehen und wenn eine mentalistische Voraussage, was die betreffende Person tun wird, möglich ist, es immer noch sein könnte, dass diese Entscheidung unbewusst ist. Ein solcher Einwand wäre jedoch unsinnig, da alle Bedingungen dafür, dass es sich um eine bewusste Entscheidung handelt, dann erfüllt sind. Folglich ist sie im oben genannten Sinn bewusst.

Ebenso könnte man einwenden, die Entscheidung sei nicht frei, weil sie immer noch durch neuronale Prozesse ursächlich bedingt sei. Die oben angegebene Begriffsbestimmung der freien Willensentscheidung verdeutlicht, dass es zahlreiche Entscheidungssituationen gibt, die diese Begriffsbestimmung erfüllen. Das bedeutet, dass es in dem angegebenen Sinn freie Willensentscheidungen gibt. Die Feststellung, dass in diesem Sinn freie Willensentscheidungen neuronale Korrelate haben, bedeutet jedoch nicht, dass die Willensentscheidung nicht frei ist. Versteht man aber unter „Willensunfreiheit", dass es für eine Willensentscheidung neurobiologische ursächliche Bedingungen gibt und diese deshalb unfrei ist, so macht man aus den eingangs besprochenen Gründen eine inhaltsleere, tautologische Aussage.

Derartige Einwände sind deshalb gegenstandslos, weil der Begriff der bewussten Entscheidung hier nicht auf Begriffe wie „determiniert", „bestimmt", „bedingt" oder „verursacht" zurückgeführt wurde. Natürlich gibt es viele notwendige und hinreichende ursächliche Bedingungen (relativ zu einer Klasse von Bedingungen, durch die diese notwendig oder hinreichend werden), zu denen auch neuronale Prozesse gehören. Doch diese neuronalen Prozesse sind durch zahlreiche Umweltfaktoren während der Entwicklung des Individuums, durch die Lerngeschichte, die genetischen Dispositionen sowie durch physiologische und biochemische Prozesse beeinflusst.

Aber der Mensch ist diesen Bedingungen nicht willenlos ausgeliefert, sondern kann Kosten und Nutzen abwägen, mentalistisch voraussagen, was er tun wird, und in diesem Sinn frei entscheiden. Die Kenntnis neuronaler Abläufe, die Willensentscheidungen begleiten, sind zwar biologisch interessant, tragen jedoch zur Frage der Willensfreiheit nichts bei.

Zusammenfassend kann man feststellen:

- Der Begriff des freien Willens lässt sich wissenschaftlich präzisieren.
- Es gibt zahlreiche Entscheidungen, die diese Präzisierung erfüllen, das heißt, diese Entscheidungen sind in dem genannten Sinn zu den angegebenen Graden frei. Dies beweist, dass es freie Willensentscheidungen gibt.
- Willensentscheidungen sind subjektive Prozesse, zu denen die jeweiligen Menschen einen privilegierten Zugang haben.
- Die Existenz subjektiver Willensentscheidungen und der privilegierte Zugang zu ihnen sind naturwissenschaftlich nachweisbar.
- Neuronale Prozesse, die vor und während Willensentscheidungen stattfinden, legen Willensentscheidungen nicht fest und machen Willensentscheidungen nicht unfrei.

Das Wichtigste in Kürze

- Der freie Wille existiert. Anderslautende Thesen, die vor allem von Neurowissenschaftlern diskutiert werden, haben sich als nicht schlüssig erwiesen.
- Die Experimente der Hirnforschung, auf die sich die Zweifler am freien Willen stützen, sind aus methodischen Gründen nicht aussagekräftig. Sie lassen sich nicht übertragen auf viele der raschen und komplexen Entscheidungen, die wir im dynamischen Umfeld täglich treffen.
- Die im Rahmen der Hirnexperimente gemessenen neuronalen Prozesse machen Willensentscheidungen nicht unfrei. Unser Hirn entscheidet also nicht vorab für uns, sozusagen an unserer Stelle.
- Der freie Wille ist naturwissenschaftlich nicht widerlegbar, sondern vielmehr nachweisbar.
- Bei unseren Entscheidungen sind wir allerdings nicht immer gleichermaßen frei. Es gibt freie Willensentscheidungen, aber auch solche, in denen unsere Wahlfreiheit eingeschränkt ist. Und es gibt Situationen, unter denen man sich nicht frei entscheiden kann.
- Der Grad der Freiheit hängt ab von den Bedingungen, unter denen wir unsere Wahl treffen. Wir entscheiden demnach so frei, wie es uns der Rahmen des Handlungsspielraums gestattet.
- Entsprechend gibt es auch verschiedene Grade von Schuld. Das ist zum Beispiel für Strafprozesse von Bedeutung: Je größer die Entscheidungsfreiheit des Verurteilten bei der Tat war, desto schwerer lastet auf ihm dafür die Verantwortung.
- Unsere Willensentscheidungen sind ein subjektiver Prozess. Wir erleben, dass wir bewusste willentliche Entscheidungen treffen. Darum ist es uns beispielsweise möglich, unser Verhalten vorherzusagen.

Literatur

Blau, Ulrich, 1981, Abstract objects, in: Theoretical Linguistics, 8. Jg., Nr. 1-3, S. 131–144

Brass, Marcel / **Haggard**, Patrick, 2007, To do or not to do. The neural signature of self control, in: Journal of Neuroscience, 27. Jg., Nr. 34, S. 9141–9145

Desmurget, Michel et al., 2009, Movement intention after parietal cortex stimulation in humans, in: Science, Bd. 324, Nr. 5928, S. 811–813

Desmurget, Michel / **Sirigu**, Angela, 2009, A parietal-premotor network for movement intention and motor awareness, in: Trends in Cognitive Sciences, 13. Jg., Nr. 10, S. 411–419

Freeman, Walter / **Watts**, James W., 1939, An interpretation of the functions of the frontal lobe, Paper Presented at the Eighth Annual Meeting of the Harvey Cushing Society, 6.–8. April 1939, New Haven (Connecticut)

Freeman, Walter / **Watts**, James W., 1948, Pain mechanisms and the frontal lobes. A study of prefrontal lobotomy for intractable pain, in: Annals of Internal Medicine, 28. Jg., Nr. 4, S. 747–754

Haggard, Patrick / **Eimer**, Martin, 1999, On the relation between brain potentials and the awareness of voluntary movements, in: Experimental Brain Research, Nr. 126, S. 128–133

Lhermitte, François, 1983, “Utilization behavior” and its relation to lesions of the frontal lobes, in: Brain, 106. Jg., Nr. 2, S. 237–255

Lhermitte, François, 1986, Human autonomy and the frontal lobes. Part II: Patient behavior in complex and social situations: the “environmental dependency syndrome”, in: Annals of Neurology, 19. Jg., Nr. 4, S. 335–343

Lhermitte, François / **Pillon**, Bernard / **Serdaru**, Michel, 1986, Human autonomy and the frontal lobes. Part I: Imitation and utilization behavior: a neuropsychological study of 75 patients, in: Annals of Neurology, 19. Jg., Nr. 4, S. 326–334

Libet, Benjamin, 2007, Mind Time. Wie das Gehirn Bewusstsein produziert, Frankfurt am Main

Libet, Benjamin / **Gleason**, Curtis A. / **Wright**, Elwood W. / **Pearl**, Dennis K., 1983, Time of conscious intention to act in relation to onset of cerebral activity (readiness potential). The unconscious initiation of a freely voluntary act, in: Brain, 106. Jg., Nr. 3, S. 623–642

Logothetis, Nikos K. et al., 2001, Neurophysiological investigation of the fMRI signal, in: Nature, Bd. 412, Nr. 6843, S. 150–157

Loring, David W. / **Meador**, Kimford J., 2006, Case studies of focal prefrontal lesions in man, in: Riberg, Jarl / Grafman, Jordan (Hrsg.), The Frontal Lobes. Development, Function and Pathology, Cambridge (UK), S. 163–177

Mackie, John, 1965, Causes and conditions, in: American Philosophical Quarterly, 2. Jg., Nr. 4, S. 245–264

Mandler, George, 1975, Consciousness: respectable, useful and probably necessary, in: Solso, Robert L. (Hrsg.), Information processing and cognition. The Loyola Symposium, Hillsdale (N. J.), S. 229–254

Muckli, Lars / **Naumer**, Marcus J. / **Singer**, Wolf, 2009, Bilateral visual field maps in a patient with only one hemisphere, in: Proceedings of the National Academy of Sciences of the U.S.A., 106. Jg., Nr. 31, S. 13034–13039

Pauen, Michael / **Roth**, Gerhard, 2008, Freiheit, Schuld und Verantwortung. Grundzüge einer naturalistischen Theorie der Willensfreiheit, Frankfurt am Main

Posner, Michael I. / **Klein**, Raymond M., 1973, On the functions of consciousness, in: Kornblum, Sylvan (Hrsg.), Attention and performance IV, New York, S. 21–35

Posner, Michael I. / **Warren**, Robert E., 1972, Traces, concepts and conscious constructions, in: Melton, Arthur W. / Martin, Edwin (Hrsg.), Coding theory in learning and memory, New York, S. 25–73

Roth, Gerhard, 2013, Persönlichkeit, Entscheidung und Verhalten. Warum es so schwierig ist, sich und andere zu ändern, Stuttgart

Rushworth, Matthew F. S. / **Hadland**, K. A. / **Paus**, Tomas / **Sipila**, P. K., 2002, Role of the human medial frontal cortex in task switching: a combined fMRI and TMS study, in: Journal of Neurophysiology, 87. Jg., Nr. 5, S. 2577–2592

Ryle, Gilbert, 1949, The Concept of Mind, London

Singer, Wolf, 2003, Ein neues Menschenbild? Gespräche über Hirnforschung, Frankfurt am Main

Skinner, Burrhus F., 1953, Science and Human Behavior, New York

Soon, Chun S. / **Brass**, Marcel / **Heinze**, Hans-Jochen / **Haynes**, John D., 2008, Unconscious determinants of free decisions in the human brain, in: Nature Neuroscience, 11. Jg., Nr. 5, S. 543–545

Soon, Chun S. / **Hanxi**, He A. / **Bode**, Stefan / **Haynes**, John D., 2013, Predicting free choices for abstract intentions, in: Proceedings of the National Academy of Science of the U.S.A., 110. Jg., Nr. 15, S. 6217–6222

Wegner, Daniel M. / **Wheatley**, Thalia, 1999, Apparent mental causation. Sources of the experience of will, in: American Psychologist, 54. Jg., Nr. 7, S. 480–492

Werth, Reinhard, 1983, Bewusstsein. Psychologische, neurobiologische und wissenschaftstheoretische Aspekte, Berlin

Werth, Reinhard, 2006, Visual functions without the occipital lobe or after cerebral hemispherectomy in infancy, in: European Journal of Neuroscience, Bd. 24, Nr. 10, S. 2932–2944

Werth, Reinhard, 2007, Residual visual functions after loss of both cerebral hemispheres in infancy, in: Investigative Ophthalmology & Visual Science, 48. Jg., Nr. 7, S. 3098–3106

Werth, Reinhard, 2010, Die Natur des Bewusstseins. Wie Wahrnehmung und der freie Wille im Gehirn entstehen, München

Wittgenstein, Ludwig, 1960, Philosophische Untersuchungen, in: Schriften von Ludwig Wittgenstein, Bd. 1, Frankfurt am Main

Xiao, Lin et al., 2013, Is there a recovery of decision-making function after frontal lobe damage? A study using alternative versions of the Iowa Gambling Task, in: Journal of Clinical and Experimental Neuropsychology, 35. Jg., Nr. 5, S. 518–529

Freiheit ist wert-voll: Über die Entwicklung der Freiheit in modernen Gesellschaften

Stefan Hradil

1 Was ist Freiheit?

In der Geschichte und der Kultur der westlichen Welt spielten die Gewinnung und die Bewahrung der Freiheit eine große Rolle. Hierbei standen die Menschen immer wieder vor anderen Herausforderungen. Dementsprechend waren ihnen jeweils bestimmte Facetten der Freiheit besonders wichtig, beispielsweise die Freiheit der Religionsausübung oder die Freiheit der Selbstbestimmung in einem eigenen Herrschaftsverband. Neben solchen kollektiven Freiheiten wurde der individuellen Freiheit im Lauf der Zeit eine immer größere Bedeutung zugemessen, beispielsweise der Freiheit, dorthin zu reisen, wohin man will, oder die Person zu heiraten, die man mag.

Unter „Freiheit" wurde und wird dabei die Möglichkeit verstanden, nach eigenem Willen zu handeln. Handeln heißt hierbei, etwas, was für den Handelnden subjektiv sinnvoll ist, zu tun oder zu unterlassen (Weber, 1969). Diese beiden Definitionen machen einen schlichten Eindruck. Sie implizieren jedoch viel.

Das Wort „Möglichkeit" weist darauf hin, dass Freiheit definitionsgemäß nicht unbedingt genutzt werden und sich nicht notwendigerweise im Handeln niederschlagen muss. Nur darf der, der seine Freiheit längerfristig nicht beansprucht, sich nicht wundern, wenn er sie früher oder später verliert. Wer aber handelt, tut dies per definitionem „subjektiv sinnvoll", daher mehr oder minder bewusst und zielstrebig. Die Definition der Handlungsfreiheit schließt darum Gedankenfreiheit ein. Bloßes Verhalten kann dagegen rein reaktiv und unbewusst ablaufen (zum Beispiel erbleichen wir, wenn wir erschrecken). Verhalten ist daher nie Gegenstand von Freiheitsforderungen. „Subjektiv sinnvoll" heißt weiterhin, dass Freiheit nach der obigen Definition sich auf ein Handeln beziehen kann, das zwar vom Handelnden als sinnvoll, von anderen dagegen als irrational, unmoralisch oder aus anderen Gründen als falsch angesehen wird. Dispute um Freiheit kommen meist dann auf, wenn eine gewünschte Handlungsfreiheit von anderen abgelehnt wird. „Freiheit ist immer die Freiheit der Andersdenkenden", daran erinnerte die Kommunistin Rosa Luxemburg in der Frühzeit der Weimarer Republik (Luxemburg, 1920, 109). Wie begrenzt Freiheit damals war, zeigte die Ermordung dieser Politikerin im Jahr 1919 und die vieler Juden, Pfarrer, Homosexueller und „Zigeuner" wenige Jahre später.

„Subjektiv sinnvoll" heißt nicht notwendigerweise, dass der eigene Wille das Handeln lenkt. Zumindest dann nicht, wenn man unter „eigenem Willen" auch die Chance versteht, unter Selbstbesinnung und Abwägung von Alternativen den eigenen Willen auszubilden. Soldaten schossen oft aus Angst vor Strafe, viele Kleiderwahlen erfolgen aus Gründen der Konvention, manche muslimische Jugendliche schließen sich dem Dschihad an, weil sie von Predigern indoktriniert sind. Die Beispiele zeigen, dass subjektiv sinnvolles Handeln auch aus Angst, aus Konvention oder aus Gehirnwäsche entsteht und nicht notwendigerweise aus wohlabgewogenem eigenen Willen. Von

Freiheit war und ist dann bezeichnenderweise auch nicht die Rede. Nicht nur wenn der eigene Wille eingeschränkt ist, auch wenn der eigene Wille den anderer Menschen einschränkt, wird der Begriff Freiheit nicht länger verwendet, dann wird in der Regel von Macht gesprochen.

Die oben definierte individuelle Freiheit weist zwei Aspekte auf: Die (negative) Freiheit *von* etwas ist dann gegeben, wenn Menschen nicht daran gehindert werden, nach eigenem Willen zu handeln, wenn Menschen also dazu die Erlaubnis und die nötigen Hilfsmittel wie Geld, Zeit etc. haben. Wer frei ist *von* Hindernissen, kann vieles tun. Die (positive) Freiheit *zu* etwas ist dagegen dann gegeben, wenn Menschen die Möglichkeit haben, ihre Handlungen auf bestimmte Ziele auszurichten, darin einen Sinn zu sehen und demgemäß für sie sinnvolle Handlungen auszuführen. Die (positive) Freiheit *zu* etwas ist weitgehend eine Frage von Kultur und Sozialisation und weniger eine Frage materieller Voraussetzungen.

In vormodernen Gesellschaften (sei es früher in Europa, sei es heute zum Beispiel in arabischen Ländern) hielt beziehungsweise hält sich die Bedeutung der so verstandenen individuellen Freiheit in Grenzen. Tradition, Konvention und Religion bestimm(t)en dort das Leben und die Handlungen. Entscheidende Handlungsmittel fehl(t)en unter anderem mangels Wohlstand, Bildung und sozialer Sicherheit. Die Einzelnen fühl(t)en sich eher als Mitglied einer bestimmten Ethnie, Religion, Konfession, Familie oder Zunft denn als Individuen. Dementsprechend verstanden oder verstehen sie Freiheit in der Regel nicht als ihre persönliche Freiheit, sondern als die Freiheit, ein Leben zu führen, das ihrer Gemeinschaft entspricht.

2 Die Beseitigung politischer und gesellschaftlicher Freiheitshindernisse in der Vergangenheit

Im Zuge der Modernisierung wurden in der Vergangenheit zahlreiche Freiheitshindernisse beseitigt. Bevor diese Vorgänge beschrieben werden können, ist zu klären, was unter Modernisierung verstanden wird. Denn das Wort Modernisierung wird zunehmend inflationär und weitgehend beliebig verwendet. Nahezu jede Neuerung wird heute als „Modernisierung" etikettiert.

Modernisierung ist ein Prozess, der als **geistige Modernisierung** spätestens in der Zeit der Renaissance und des Humanismus begann, als von wenigen Philosophen und Naturwissenschaftlern bestimmte Grundzüge modernen Denkens (zum Beispiel die Zweckrationalität) systematisch entwickelt wurden. In der Phase der **politischen Modernisierung**, zur Zeit der Aufklärung, wurden diese Grundzüge später konkretisiert und zu allgemeinverbindlichen Forderungen erhoben. Erst im Lauf des 19. und 20. Jahrhunderts, mit der Entwicklung hin zur Industriegesellschaft, wurden diese

Forderungen so verbreitet umgesetzt, dass von **gesellschaftlicher Modernisierung** gesprochen werden kann.

Die **geistige Modernisierung** blieb beschränkt auf wenige Denker. Sie lässt sich wie folgt zusammenfassen (Vester, 1985; Hradil, 1990, 128 ff.):

- Zeit wurde nicht länger (statisch) als ein Beharren aufgefasst, das stets das Gleiche mit sich bringt, auch nicht als (zirkuläre) Wiederkehr des früher schon einmal Geschehenen, sondern als linear ablaufend begriffen, als Geschichte, in der immer wieder etwas Neues entsteht, in der die Gegenwart stets auf Vergangenem aufbaut und die Grundlage für die Zukunft ist. Dementsprechend ist modernes Denken zukunftsorientiert.

- Im Neuen, das die ablaufende Zeit mit sich bringt, wird stets die Chance der Verbesserung gesehen. Modernes Denken ist so charakterisiert durch Fortschrittsdenken und grundsätzlichen Optimismus.

- Modernes Denken ist gekennzeichnet durch Zweckrationalität. Es wählt ungeachtet bestehender Traditionen und religiöser Vorschriften die geeignetsten Mittel aus, um Ziele möglichst effektiv und effizient zu erreichen. Dazu müssen gesetzmäßige Zusammenhänge zwischen Ursache und Wirkung bekannt sein. Diese Kenntnisse können nur erlangt werden, indem Menschen ihre Um- und Mitwelt in ihre Bestandteile zerlegen und nach überdauernden Zusammenhängen und Wirkungsweisen suchen. Analyse und Objektivität bestimmen daher das moderne Denken.

- Die geistige Modernisierung versteht den Menschen als einen aktiven Menschen, der in das Geschehen tätig eingreift und seine Welt gestaltet. Individuelle Autonomie und die Freiheit von Zwängen sind daher moderne Zielvorstellungen.

- Die wesentlichen Ziele menschlichen Strebens werden im Diesseits und nicht länger im Jenseits gesucht.

Seit der **politischen Modernisierung** durch die Aufklärung wird öffentlich gefordert, wichtige Grundgedanken der Modernisierung mit Anspruch auf Allgemeingültigkeit politisch durchzusetzen. In der Folge vollzogen sich politische Umbrüche in großen Teilen Europas. Die politische Modernisierung zeigte sich unter anderem an folgenden Forderungen:

- Alle Menschen sind von Natur aus gleich, zur Vernunft fähig und entsprechend zu behandeln.

- Nur Rationalität und Vernunft stellen die Grundlage menschlichen Zusammenlebens und allgemeinverbindlicher Entscheidungsprozesse dar.

- Herrschaft über Menschen bedarf stets einer Begründung und Legitimierung durch die Vernunft.

- Menschen sind vor allem durch Belehrung von äußeren Zwängen zu befreien und zur Autonomie zu führen.

- Staat und Gesellschaft, Öffentlichkeit und Privatheit sind zu trennen.

- Der Staat ist nach naturrechtlichen Grundsätzen aufzubauen. Grundlagen sind Gesellschaftsvertrag und Gewaltenteilung.

- Gesellschaftlich geschaffene Vor- und Nachteile zwischen Menschen können nur auf ungleichen individuellen Beiträgen zum gemeinsamen Wohl beruhen.

- Gesetze sind für alle Menschen gleichermaßen gültig.

Die **gesellschaftliche Modernisierung** setzte sich erst seit dem Ende des 18. Jahrhunderts allmählich durch, zuerst in England, Frankreich und den USA, dann auch in anderen Teilen Europas. In Deutschland begann trotz vorhergehender Reformen (wie Bauernbefreiung, Gewerbefreiheit, Schulpflicht und kommunale Autonomie) die gesellschaftliche Modernisierung nicht vor Mitte des 19. Jahrhunderts. Als moderne Gesellschaft ist Deutschland frühestens ab Mitte des 20. Jahrhunderts zu bezeichnen. Gesellschaftliche Modernisierung ist gekennzeichnet durch:

- Die gesellschaftlichen Gebilde, Einrichtungen und Verhaltensweisen (Betriebe, Verwaltungen, Bildungseinrichtungen, Berufe etc.) werden immer unterschiedlicher. Sie sind immer mehr auf die Erfüllung jeweils bestimmter Aufgabenbereiche hin zugeschnitten. Insgesamt entsteht eine Entwicklung hin zur funktionalen Differenzierung, Spezialisierung und Arbeitsteiligkeit.

- Die Verzahnung der unterschiedlichen gesellschaftlichen Teilbereiche wird immer enger. Für diese Integration sorgen vor allem Markt und Staat. Insgesamt vollzieht sich so eine Entwicklung von der „unverbundenen Gleichartigkeit“ zur „verbundenen Ungleichartigkeit“ (Spencer, 1877, § 223). Beispielsweise wich die Vielzahl im Wesentlichen gleichartiger Bauernhöfe einer vielgestaltigen Industrie, deren Zusammenwirken unter anderem Automobile hervorbringt.

- Grundlegende Wertvorstellungen und Normen (zum Beispiel im Hinblick auf die Gleichheit zwischen Mann und Frau oder hinsichtlich demokratischer Verfahren) erlangen allgemeine Gültigkeit und hohe Verbindlichkeit. Erst auf der Grundlage dieser normativen Universalisierung wachsen die individuellen Freiräume. Es entsteht eine Pluralisierung von persönlichen Werten, Normen, Kulturen und Lebensstilen.

- Das menschliche Denken und Handeln in funktional differenzierten und spezialisierten Gesellschaften ist immer mehr nach Nützlichkeitserwägungen und immer weniger nach traditionellen Vorgaben ausgerichtet.

Die genannten allgemeinen Modernisierungsentwicklungen brachten moderne Gesellschaften hervor. Sie sind gekennzeichnet durch hoch entwickelte Technologien, Marktwirtschaft, Massenwohlstand, Massenkonsum, eine durch Leistung legitimierte soziale Schichtung, in der Auf- und Abstiege möglich sind, durch Bürokratie, Nationalstaaten, repräsentative Konkurrenzdemokratie, Rechtsstaat, Einrichtungen zur Bildung und zur sozialen Absicherung der Gesellschaftsmitglieder. Damit stieg die Leistungs- und Anpassungsfähigkeit dieser Gesellschaften enorm an.

2.1 Aufhebung kultureller und politischer Verbote

Individuelle Freiheit im oben definierten Sinne kann schon durch bloße Verbote eingeschränkt sein. Dies war und ist in traditionalen Gesellschaften in großem Umfang der Fall. So war es den meisten Menschen in mittelalterlichen und frühneuzeitlichen Gesellschaften zum Beispiel verboten, bestimmte Kleidungen zu tragen, in der Kirche bestimmte Sitzplätze einzunehmen, Gewerbe nach eigenem Willen auszuüben, der eigenen Meinung Ausdruck zu geben, sofern sie Herrschende oder kirchliche Würdenträger kritisierte, oder zu heiraten, wann und wen man wollte. Unfreie Bauern durften sogar den Bereich der Grundherrschaft nicht verlassen und mussten Hand- und Spanndienste für Grundherrn leisten. In freien Reichsstädten waren zwar mehr Freiheiten gegeben. „Stadtluft macht frei", hieß es damals. Aber aus heutiger Sicht waren die Freiheiten auch dort sehr beschränkt. In Deutschland blieben viele dieser Verbote bis zum Beginn des 19. Jahrhunderts in Kraft. Ähnlich weitreichende Verbote existieren bis heute in traditionalen, zumal in religiös geprägten Gesellschaften, aber auch in Diktaturen und totalitären Gesellschaften.

Diese Verbote richte(te)n sich zum großen Teil gegen bestimmte Handlungsziele. Auch Menschen, die durchaus über die Mittel verfügten, beispielsweise zu verreisen oder sich in bestimmter Weise zu kleiden, waren oder sind diesen Einschränkungen in traditionalen Gesellschaften unterworfen. Dennoch wende(te)n sich Verbote weniger gegen die positive Freiheit *zu* etwas als gegen die negative Freiheit *von* etwas. Denn Verbote stellen eine bloße Barriere dar, bestimmte Handlungen auszuführen.

Im Zuge der wirtschaftlichen und gesellschaftlichen Liberalisierung, der Säkularisierung und der Demokratisierung wurden in Deutschland die meisten der oben skizzierten formellen Verbote zwischen dem Beginn des 19. und der Mitte des 20. Jahrhunderts aufgehoben. Und seither fielen weitere formelle und informelle Verbote. So ist Homosexualität nicht länger strafbar. Auch werden nicht eheliche Geburten und Freizeitkleidung in der Oper nicht länger geächtet. Die Grade individueller Freiheit haben sich so zweifellos vermehrt.

Selbstverständlich ist damit nicht die grenzenlose individuelle Freiheit ausgebrochen. Zahlreiche Verbote bestehen aus guten Gründen weiter, getragen von der Zustimmung der Bevölkerung. Wer zum Beispiel Waffen auf dem Schulhof verkauft oder sich mit Gewalt ein Erbe verschafft, wird dies erfahren. Andere bestehende Verbote sind jedoch durchaus umstritten. So sind die Beihilfe zum Selbstmord und die Vermittlung von Leihmüttern zwar untersagt, aber längst nicht die gesamte Bevölkerung stimmt dem zu.

2.2 Vermehrung von Ressourcen

Noch lange nach der Aufhebung vieler Verbote fehlten jedoch zahlreichen Menschen in Deutschland entscheidende Hilfsmittel, die neu gewonnenen Freiheiten zu nutzen. Denn zur Erreichung vieler Handlungsziele werden Geld, Freizeit, soziale Kontakte, Informationen, Vorbildung, Wohnraum oder andere Ressourcen benötigt. Bis nach dem Zweiten Weltkrieg fehlte es an vielen dieser Mittel, damit auch an Freiheit.

Viele durch Mangelzustände bewirkte Freiheitsbarrieren wurden durch die Wohlstandsmehrung infolge des „Wirtschaftswunders", durch die Bildungsexpansion sowie durch den Ausbau des Sozialstaates niedergerissen. So führte das schnelle Wirtschaftswachstum in den 1950er Jahren dazu, dass das Vorkriegs-Wohlstandsniveau bereits acht Jahre nach Kriegsende überschritten wurde. Bis zum Ende der 1980er Jahre versechsfachte sich das reale (inflationsbereinigte) Volkseinkommen pro Kopf in Deutschland (Zapf, 1991, 35). Zwar erlebten auch andere Länder in der Nachkriegszeit einen wirtschaftlichen Aufschwung, doch wurden die Deutschen damals schneller wohlhabend als nahezu alle anderen Gesellschaften und zudem schneller als je zuvor. Selbst in der sogenannten guten alten Zeit, in der Zeit von der Reichsgründung bis zum Ersten Weltkrieg, hatten sich die Realeinkommen der Bevölkerung nur um rund 60 bis 100 Prozent erhöht. Die weitere Wohlstandsentwicklung zwischen den Weltkriegen und bis zum Ende der 1940er Jahre war dann durch ein ständiges Auf und Ab gekennzeichnet. Vor diesem Hintergrund musste der Bevölkerung Westdeutschlands das „Wirtschaftswunder" zugleich als „Befreiungswunder" erscheinen.

Auch durch den Ausbau des Bildungswesens erlangten die Menschen in Deutschland insbesondere in den 1960er bis 1980er Jahren viele neue Handlungsressourcen. Immer mehr Menschen gingen immer länger zur Schule: Im Jahr 1952 mussten noch etwa acht von zehn 13-Jährigen mit dem Besuch der Hauptschule vorliebnehmen. 2011 dagegen absolvierten nur noch gut 15 Prozent aller Schüler die 8. Klassenstufe in der Hauptschule. Sie trägt ihren Namen mittlerweile zu Unrecht. Die Realschule, 1952 nur von 6 Prozent aller 13-Jährigen besucht, erlebte einen rapiden Aufstieg: 2011 wurden 24 Prozent aller Schülerinnen und Schüler der 8. Jahrgangsstufe in Realschulen unterrichtet. Das Gymnasium konnte seinen Anteil an den 13-Jährigen beziehungsweise an den Achtklässlern zwischen 1952 und 2011 von 12 auf 36 Prozent steigern (Gesis-ZUMA, 2013; Kultusministerkonferenz, 2012).

Berücksichtigt man zusätzlich den Zuwachs an sozialer Sicherheit, an Wohnraum, an Informationsmöglichkeiten, an Freizeit etc., so kommt man zu dem Schluss, dass im Lauf der zweiten Hälfte des 20. Jahrhunderts viele Deutsche an elementaren Handlungsmitteln und damit an Freiheit erheblich gewonnen haben.

Was die verfügbaren Handlungsmittel betrifft, so bestehen allerdings für Teile der Bevölkerung nach wie vor erhebliche Freiheitseinschränkungen. So wurde 2010 mehr als jede dritte Person in Haushalten von Alleinerziehenden als armutsgefährdet eingestuft (Bundeszentrale für politische Bildung, 2013), denn sie hatte weniger als 60 Prozent des Medianeinkommens[1] zur Verfügung.

2.3 Einschränkungen der Freiheit in den letzten Jahrzehnten

Die Modernisierung hat indessen nicht nur mehr oder minder große Erweiterungen individueller Freiheiten mit sich gebracht. In den letzten Jahrzehnten bauten sich auch neue Freiheitseinschränkungen auf, die nicht selten sogar im Einklang mit Modernisierungsentwicklungen stehen.

So hat die moderne Universalisierung von Grundwerten und -normen (vgl. zu Beginn von Kapitel 2: gesellschaftliche Modernisierung) eine ganze Reihe von Regeln verschärft oder neu geschaffen, die zuvor so strikt und flächendeckend nicht bestanden oder nicht befolgt wurden. Wer heute seinen Müll im Wald entsorgt, seine Kinder schlägt oder seine Steuern nicht zahlt, wird sehr bald feststellen, dass wir nicht nur in einer Zeit der Liberalisierung, sondern im Gegenteil auch in einer Zeit der Re-Moralisierung leben.

Diese Tendenzen erstrecken sich bis in die Alltagssprache und ins Erwerbsleben: Eine stetig wachsende und immer wachsame politische Korrektheit verbietet es uns heute aus mehr oder minder guten Gründen, zahlreiche althergebrachte Wörter zu benutzen: Aus Indianern wurden so indigene Mitbürger, statt Lehrlinge werden Auszubildende beschäftigt, und die Autorinnen und Autoren nicht nur von Satzungen und Geschäftsordnungen sind gehalten, ihren Text genderneutral zu verfassen, auch wenn das die Lesbarkeit erschwert.

Insgesamt bleibt jedoch festzustellen, dass die Modernisierung von Gesellschaften mit wesentlich mehr Freiheitsgewinnen als Freiheitseinschränkungen einherging. Dazu trugen vor allem die drastische Vermehrung der Handlungsmittel für die Bevölkerungsmehrheit in den letzten Jahrzehnten bei sowie zuvor die Beseitigung vieler Verbote von Handlungszielen. Zugenommen hat also ganz wesentlich die (negative)

1 Äquivalenzeinkommen (bedarfsgewichtetes Netto-Pro-Kopf-Haushaltseinkommen). Das Medianeinkommen ist definiert als jenes mittlere Einkommen, das jeweils die Hälfte der Bevölkerung unter- oder überschreitet.

Freiheit *von* Hindernissen, Mängeln und Barrieren. Dies ist auch die Variante des Freiheitsbegriffs, die Mitgliedern moderner Gesellschaften zuerst in den Sinn kommt, wenn sie an Freiheit denken. Es gilt in zunehmendem Maße als selbstverständlich, beliebige Handlungen ausführen zu können und zu dürfen. Allerdings hat diese Selbstverständlichkeit ihren Preis: Da Freiheit nicht mehr als knappes Gut gilt, wird im öffentlichen und meist auch im privaten Diskurs wenig über sie nachgedacht, geredet und gestritten. Des Werts der Freiheit sind sich die Mitglieder moderner Gesellschaften im Alltag daher so wenig bewusst wie etwa des Werts einer funktionierenden Energieversorgung.

Mit der Verfügbarkeit von immer mehr Handlungsmitteln und der Wählbarkeit von immer mehr Handlungszielen wurden Prozesse der Individualisierung für immer mehr Menschen in Gang gesetzt. Es wird mehr und mehr als Aufgabe der Einzelnen angesehen, wie sie ihren Alltag und ihre Biografie gestalten (Beck, 1986). Diese Erwartung hat durchaus zwiespältige Auswirkungen: Einerseits gilt die Nutzung von Freiheitsgraden als selbstverständlich und ist damit nicht länger begründungspflichtig. Andererseits entsteht der Generalverdacht, dass jedwedes Scheitern auf individuelles Fehlverhalten zurückzuführen sei. Vergleicht man moderne postindustrielle Wohlstandsgesellschaften mit den industriellen Knappheitsgesellschaften der entstehenden Moderne, so wird deutlich, dass durch den Zuwachs an individuellen Freiheiten sich der zuvor recht abstrakte Begriff des Individuums mehr und mehr mit konkreten Inhalten füllte.

3 Zur gegenwärtigen Modernisierung der Freiheit

Auf der Grundlage des zuvor dargestellten, an langfristigen Entwicklungen ausgerichteten Überblicks sollen nun vier gegenwärtige Tendenzen der „Modernisierung der Freiheit" etwas eingehender untersucht werden. Damit sollen auch komplexere und ambivalente Entwicklungen offengelegt werden.

3.1 Pluralisierung

Spätestens seit den 1970er Jahren haben wachsender Wohlstand, zunehmende Bildung, verstärkte soziale Sicherung und vermehrte Mobilität die Menschen aus überkommenen Gemeinschaften mehr und mehr freigesetzt (Beck, 1986). So wurde es in der Familie zur Sache der Einzelnen, wie sie die Rollen des Vaters, der Mutter, der Tochter und des Sohns gestalten. In der Gemeinde wurden die Einzelnen immer unabhängiger von den Einschätzungen und Erwartungen der Mitbewohner. Auch Frauen konnten nun allein leben, Mütter konnten erwerbstätig sein und Väter ein Sabbatjahr einlegen, ohne das Missfallen von Nachbarn zu erregen. War ein Arbeiter wenige Jahrzehnte zuvor noch in die Regeln seiner sozialen Schicht eingebunden, so stand es ihm nun auch frei, „bürgerliche" Parteien zu wählen, „etwas Besonderes" werden zu wollen oder seine Kinder mit Begründungen statt mit Strafen zu erziehen.

Diese Befreiungs- und Individualisierungstendenzen führten jedoch keineswegs dazu, dass jeder ein anderes Leben als alle anderen führte. Vielmehr entstand eine Vielzahl neuer Gemeinschaften Gleichgesinnter (Hradil, 1992): Lebensstilgruppierungen, Szenen, Subkulturen, Netzwerke, soziale Milieus etc. Hierin bestärkten sich die Einzelnen wechselseitig in ihrer Lebensweise und glichen sie einander an. Hier fanden die Einzelnen Stabilität und Bestätigung. Hier entstanden Stile und oft auch öffentlich erkennbare Symbole, die Zugehörigkeiten und Abgrenzungen schnell klarstellten. Solche Symbole konnten die bevorzugten Musikstile, eine bestimmte Motorradmarke, eine gänzlich schwarze Kleidung, zuweilen auch nur Eingeweihten erkennbare Merkmale sein, wie eine bestimmte Fahrradmarke, schwarze Stiefel mit weißen Schnürsenkeln oder ein Stecker im rechten Ohr. Mitglieder solcher Gemeinschaften blieben die Menschen in der Regel aber nur auf Zeit, solange ihnen eben danach war. Das unterschied die neuen von den altbekannten religiösen, familiären und kommunalen Gemeinschaften, die ihre Mitglieder meist lebenslang einbanden.

Die neue Vielfalt dieser Gemeinschaften machte deutlich, wie sehr die Freiheitsgrade in modernen Gesellschaften zugenommen haben. Sie gestatteten es, nahezu jedwede politische, sexuelle, ökologische, ästhetische oder auf andere Weise weltanschauliche Orientierung nun auszuleben und anderen zu demonstrieren. Wer die neu entstandene Mannigfaltigkeit von Orientierungen und Gruppierungen jedoch nur als Reich der Freiheit und Freiwilligkeit sieht, sollte bedenken, dass jede Gemeinschaft, die verbindet, eben dadurch auch bindet. Und je mehr sich neue Gemeinschaften als Subkulturen verstehen, indem sie sich von „der" Gesellschaft absetzen oder sie kritisieren, desto mehr schränken sie die Freiheit der Zugehörigen auch ein. Wer einer Motorradgang angehört, tut gut daran, seinen Anzug zu Hause zu lassen. Und wer sich als Punk sieht, wird sich nicht ausschließen können, selbst wenn die Kumpels Mitmenschen provozieren.

3.2 Globalisierung, Internationalisierung, Supranationalisierung

Die globale Mobilität von Informationen, Waren, Finanzströmen und Menschen hat in den letzten Jahrzehnten dramatisch zugenommen. Landesgrenzen haben in vieler Hinsicht an Bedeutung verloren. Internationale Märkte, Beziehungen, Erfahrungen und Organisationen sind alltäglich geworden. Der Einfluss supranationaler Einrichtungen (wie zum Beispiel der Vereinten Nationen, der Kommission der Europäischen Union, der Europäischen Zentralbank, der länderübergreifenden Gerichtshöfe, der Welthandelsorganisation, des Weltwährungsfonds und diverser Nichtregierungsorganisationen) wächst mehr und mehr.

Es kann kein Zweifel daran bestehen, dass die Globalisierung und die damit verbundenen Prozesse der Internationalisierung und Supranationalisierung die Möglichkeiten unseres wirtschaftlichen und persönlichen Handelns wesentlich erweitert haben. Ohne diese Prozesse wären viele Anregungen, Reisen, Investitionen, Handelsbeziehungen, Produktionen und Wohlstandsmehrungen nicht zustande gekommen. Es ist schwerlich vorstellbar, ab morgen nur noch deutsche Restaurants in unseren Städten und nur noch in Deutschland gefertigte Produkte in Geschäften vorzufinden. Unsere Freiheit weg *von* (alten Barrieren) und hin *zu* (neuen Zielen) wurde so bedeutend ausgeweitet.

Allerdings gehen mit der Globalisierung, Internationalisierung und Supranationalisierung durchaus auch Einschränkungen der Freiheit einher: So schrumpfen die Handlungsbereiche demokratisch legitimierter nationaler Regierungen von Jahr zu Jahr. Fachleute schätzen, dass mittlerweile ein Drittel der neuen deutschen Gesetze nur noch international ausgehandeltes oder supranational bestimmtes Recht umsetzt (Zürn, 2013, 485). Zudem sind große, supranational agierende Unternehmen in mancher Hinsicht in der Lage, einzelstaatliche Regierungen unter Druck zu setzen (zum Beispiel in Steuerfragen). In der Regel sind diese Vorgänge nicht oder nur unzureichend demokratisch legitimiert. Dadurch schrumpft zwar nicht die Freiheit der Wähler, ihre Stimme abzugeben, wohl aber die Wirkung der Stimmabgabe: Jede Wählerstimme wird ein Stück weit entwertet.

Globalisierung, Internationalisierung und Supranationalisierung haben Unternehmen einerseits viele neue Chancen eröffnet, andererseits die Konkurrenz zwischen Unternehmen verschärft. Dadurch haben sich die Wahlfreiheit von Konsumenten und die Beschäftigungschancen von qualifizierten Erwerbstätigen erhöht. Aber gleichzeitig haben auch der Effizienzdruck in der Wirtschaft und die Abhängigkeit der Unternehmen vom globalisierten Kapitalmarkt zugenommen. Die schieren Ergebniszahlen regieren, und zwar den Vorstand wie auch den Sachbearbeiter. Gewiss bleibt es vielen Beschäftigten selbst überlassen, wie sie die Zahlen zu verbessern gedenken. Dies mag als Gewinn an Freiheit durchgehen. Aber an der Diktatur der Ergebniszahlen ändert das nichts. Das kann wohl nur als Freiheitsverlust interpretiert werden.

3.3 Digitalisierung der Medien

Die digitalisierten Neuen Medien haben den Alltag in Wirtschaft und Gesellschaft verändert. Unter anderem sind Computer und Mobiltelefone darin nicht mehr wegzudenken. Die Arbeits- und Lebenswirklichkeit ist von vielen befreienden Wirkungen des Medienumbruchs, aber auch von manchen Bedrohungen der Freiheit gekennzeichnet. Zwar haben die Einzelnen immer mehr Chancen, sich zu informieren, zu kommunizieren, sich zu beteiligen und mitzugestalten. Die Leistungsfähigkeit der Einzelnen ist gestiegen, sei es in der Familie oder im Betrieb. Aber auch die Risiken sind gestiegen, in Banalitäten und Fiktionen zu versinken, überwacht und manipuliert zu werden sowie vor lauter Informationen den Überblick zu verlieren. In drei Bereichen zeigt sich dies besonders deutlich.

Digitale Spielewelten

Die Besitzer von Spielekonsolen und Nutzer mobiler Endgeräte können heute jederzeit und überall in digitale Spiele eintauchen. Dort erzeugen simulierte Welten, fiktive Zeitverläufe und imaginäre Konfrontationen nicht selten ganze Kulturen der Virtualisierung. Mögliche Wirklichkeiten können durchgespielt und erprobt werden. Diese in der Spielewelt gemachten neuen Erfahrungen lassen sich – einschließlich neu geschaffener digitaler Identitäten – auf sozialen Onlineplattformen wie beispielsweise Facebook in die Realität integrieren. Gleichzeitig beziehen Spiele zunehmend Einflussfaktoren aus der realen Welt in den virtuellen Spielverlauf mit ein („Augmented Reality"). Auch diejenigen, die der Welt digitaler Spiele skeptisch gegenüberstehen, leugnen nicht, dass sich hier neue geistige Möglichkeiten auftun, von der pragmatisch gezielten Szenarionutzung bis hin zur spielerischen Entwicklung des Denkens in Alternativen.

Doch stellen sich zu diesem digitalen Freiheitsgewinn auch kritische Fragen: Wo endet der Gewinn und wo beginnen die Instabilität von Persönlichkeiten und Identitäten sowie die Verzettelung in immer neue Fiktionen? Wie steht es um die Suchtgefahr dieses spielerischen Umgehens mit neuen Erkenntnismöglichkeiten? Drohen durch die immer unklarere Abgrenzung zwischen Spielewelt und Realität und durch die Unverbindlichkeit des Spielens Realitätsverlust und problematisches Sozialverhalten? Stehen der spielerisch-intelligenten Nutzung neuer Möglichkeiten nicht sehr viel öfter banale, stupide, vielleicht sogar verrohende Wirkungen sehr schlichter Computerspiele gegenüber, also ein Freiheitsverlust und nicht ein Freiheitsgewinn?

Transparenz

Unstreitig ergaben sich mit der Durchsetzung der digitalen Interaktionsmedien große Gewinne an Informationsfreiheit, Kommunikation und Demokratisierung. Aber jede Nutzung von Mobiltelefon und Computer erzeugt Daten. Die Lebens- und Arbeitszusammenhänge aller Nutzer werden durch diese Datenspuren für andere erkennbar, analysierbar und beeinflussbar. Wirtschaftsunternehmen, staatlichen Instanzen, allen Organisationen und Einzelnen drohen Ausspähung und Manipulation. Die auf dem Wege zu bürgerlichen Gesellschaften historisch mühsam erkämpften Privatsphären sind heute in Gefahr, obsolet zu werden. Zweifellos existieren Mittel der Gegenwehr. Aber es ist sehr umstritten, ob sie sich durchsetzen lassen und wie wirksam sie sind.

Es fragt sich somit, in welchem Verhältnis das Bedürfnis nach einem komfortablen, effizienten und somit durch digitale Geräte mitbestimmten Alltag gegenüber dem Anspruch auf Privatheit und Autonomie steht. Da Telefonzellen nahezu ausgestorben sind, liegt der Verdacht nahe, dass Privatheit vielen Menschen nicht mehr viel bedeutet, dass ihnen also die Kommunikationsfreiheit nähersteht als die Freiheit, unbeobachtet zu handeln. Es fragt sich ferner, wie das Bedürfnis der Öffentlichkeit nach

Transparenz abzuwägen ist gegenüber den Anliegen amtlicher, wirtschaftlicher und persönlicher Geheimhaltung. Hier zeigt sich, dass nicht nur Konflikte zwischen Freiheit und Unfreiheit, sondern zwischen verschiedenen Freiheiten bestehen.

Wissenserwerb

Einerseits erlauben die Neuen Medien den Zugang zu Informationen in einem bisher nie gekannten Ausmaß: Preise, Bezugsquellen, Märkte, Erfahrungen, historische Ereignisse, gesellschaftliche Einrichtungen, Regeln und viele Informationen mehr lassen sich blitzschnell eruieren. Denn Kultureinrichtungen, Wirtschaftsunternehmen, Wissenschaftsinstitutionen, aber auch Amateure und Interessierte erkennen zunehmend den Wert und den Nutzen von frei zugänglichen Daten und stellen Informationen zur Verfügung.

Allerdings hat diese neue Informationsfreiheit ihren Preis: Die Zuverlässigkeit der erhältlichen Informationen schwankt stark. Es wird schwieriger, den Wahrheitsgehalt und die Bedeutung der einzelnen Informationsangebote einzuschätzen, erst recht einen Überblick über die Informationsfülle zu gewinnen und kohärentes Wissen zu generieren. Neue Kompetenzen der Mediennutzung werden notwendig. Die digitale Gesellschaft scheint sich zu spalten in jene, die über diese Kompetenzen verfügen, und jene, die von den neuen Interaktionsmedien kaum profitieren. Gleichzeitig ist die Frage zu stellen, inwieweit die objektive Gewinnung und Recherche von (digitalem) Wissen im Zeitalter vorgefilterter und personalisierter Suchergebnisse überhaupt noch möglich ist.

3.4 Zweckrationalität

Zweckrational handeln heißt effektiv und effizient handeln. Effektiv handeln heißt, die Mittel einzusetzen, die objektiv geeignet sind, bestimmte Ziele zu erreichen. Effizient handeln heißt, gegebene Zwecke mit minimalen Mitteln oder mit gegebenen Mitteln möglichst viele Zwecke zu erreichen (vgl. Gröschner, Seite 15 ff. in diesem Band). Selbstverständlich haben die Menschen immer mehr oder minder zweckrational gehandelt. Schließlich hatten die, die ihre Ziele erreichten und dabei keine Mittel verschwendeten, seit jeher wesentliche Vorteile in der Konkurrenz mit anderen. Dennoch hat sich Zweckrationalität als legitime und massenhafte Begründung des Handelns („das wirkt") gegenüber Tradition („das haben wir immer so gemacht") und Religion („das ist gottgewollt") in Deutschland erst von der Mitte des 19. Jahrhunderts an allmählich durchgesetzt. Dies geschah im Gesamtkontext der Modernisierung (vgl. Kapitel 2).

Im Gefolge der gesellschaftlichen Liberalisierung, Globalisierung und Digitalisierung der letzten Jahrzehnte (vgl. Kapitel 3.1 bis 3.3) hat die Bedeutung zweckrationalen Handelns erneut enorm zugenommen. Zweckrationalität, also die Wahl des geeigneten Mittels, gilt mittlerweile als selbstverständlich. Sie bedarf keiner weiteren Begründung mehr. Stattdessen wurde jegliches Abweichen von strikt zweckrationalem Handeln begründungspflichtig.

Zweckrationalität erzeugt Freiheit. Denn durch wirksamen und sparsamen Mitteleinsatz lassen sich nicht nur viele unmittelbare Ziele erreichen, sondern auch viele weitere Handlungsmittel bereitstellen, indem zum Beispiel Wohlstand geschaffen, Bildung vermittelt und Gesundheit gesichert wird. Die Durchsetzung der Zweckrationalität im Lauf der Modernisierung steigerte somit insbesondere die (negative) Freiheit der Menschen *von* Handlungseinschränkungen.

Freilich hat eine Dominanz der Zweckrationalität auch ihre freiheitsbegrenzenden Seiten. Gelingt es nicht, sie auf jene Sphären zu begrenzen, wo sie am Platz ist, droht sie zum „stahlharten Gehäuse der Hörigkeit" (Weber, 1981, 188 f.) zu werden. Menschen, die nur nach Gesichtspunkten der Zweckrationalität leben, deren Streben sich darin erschöpft, Mittel-Zweck-Relationen zu optimieren, funktionieren nur noch. Sie fragen zu wenig nach Zielen und Zwecken und ordnen sich so der „instrumentellen Vernunft" (Horkheimer, 1967) unter.

Das ist nicht zuletzt in der Wirtschaft von Übel. Denn eine zu weitreichende Orientierung auf Zweckrationalität behindert die Kreativität und fördert langfristig die Entfremdung von der eigenen Erwerbstätigkeit. Reine Nutzenmaximierung ist somit weder innovativ noch nachhaltig. Bei aller Anerkennung, dass zweckrationales Handeln unsere Optionen und damit unsere (negative) Freiheit *von* Hindernissen bedeutend vermehrt hat: Die Konzentration darauf behindert die Entwicklung von Sinn und Identität, also die (positive Freiheit) *zu* etwas.

Überspitzt formuliert folgt daraus: Freie Menschen müssen bis zu einem gewissen Grad ver-rückt (dem Standpunkt der Zweckrationalität entrückt) sein, müssen Handlungen als Selbstzweck, ohne Rücksicht auf die aufgewendeten Mittel ausführen, um dem stählernen Gehäuse der Hörigkeit zu entkommen, verrückt sein nach Musik, dem ganz anderen Produkt, Radfahren, alten Autos, Lesen, dem Schutz bedrohter Vögel, einem anderen Menschen ...

Fassen wir zusammen, wie sich die vier skizzierten zentralen gesellschaftlichen Entwicklungen der letzten Jahrzehnte auf die Freiheit der Einzelnen auswirken: Die Digitalisierung der Medien, die zunehmende Überwindung von Landesgrenzen, die unterschiedlicheren Lebensweisen sowie das effektivere und effizientere Handeln brachten uns beträchtliche Freiheitsgewinne. Es wurde aber auch deutlich, dass diese neuen Handlungsfähigkeiten nicht umsonst zu haben sind: Sie alle schränkten unsere Freiheiten auch ein. Das fordert uns heraus, Freiheitsgewinne gegen Freiheitsbeschränkungen, die eine Freiheit gegen die andere abzuwägen. Und wenn wir nicht wollen, dass unsere E-Mails mitgelesen werden (vgl. Kapitel 3.3), dass unser Alltag durchrationalisiert wird (vgl. Kapitel 3.4), dass unser spezifischer Lebensstil in Konformismus umschlägt (vgl. Kapitel 3.1) und dass übernationale Einrichtungen und Verträge (vgl. Kapitel 3.2) ungefragt unser Handeln prägen, dann müssen wir dagegen angehen und unser Handeln entsprechend umstellen.

4 Vielfältige Handlungsziele und wertvolle Lebensziele – ein Ausblick

Die gesellschaftliche Modernisierung hat in den letzten beiden Jahrhunderten zahlreiche Handlungsverbote beseitigt und neue Handlungsmittel geschaffen. Dies förderte die individuelle Freiheit der Menschen ganz wesentlich. Vor allem handelte es sich dabei um eine Vermehrung der (negativen) Freiheit *von* Hindernissen. Darauf konzentriert sich auch in hohem Maße die Aufmerksamkeit der Menschen. Die Befreiung von Einschränkungen und die Vermehrung individueller Autonomie war auch das erklärte Ziel der Modernisierung, seit ihre geistigen Grundlagen spätestens im Zuge der Renaissance und des Humanismus gelegt wurden.

Passend zu diesen Handlungsmöglichkeiten hat die Modernisierung in letzter Zeit, unter anderem im Zuge der Globalisierung und der Digitalisierung, zahlreiche attraktive Handlungsziele neu geschaffen oder neu in das Blickfeld vieler Menschen gerückt: Das Handeln von immer mehr Menschen richtet sich auf Weltreisen, exotische Speisen, die Kommunikation in Netzwerken, Haushaltsausstattungen etc. Vermehrten Ressourcen und verminderten Hindernissen entspricht eine wachsende Fülle von Optionen, die wie selbstverständlich genutzt werden.

Dennoch oder gerade deswegen fällt es immer mehr Menschen schwer, solche Bezugspunkte ihres Handelns auszuwählen, die ihnen eine relativ dauerhafte, für sie sinnvolle Orientierung und damit Freiheit im Sinne von Souveränität und Identität vermitteln. Diese Schwierigkeiten folgen nicht dem Mangel, sondern im Gegenteil dem immensen Angebot an materiellen und immateriellen Optionen. Auf die hieraus erwachsenden Überlastungs- und Desorientierungstendenzen weist unter anderem der steigende Anteil psychisch instabiler Menschen hin. In diesem Sinne verstanden ist die (positive) Freiheit hin *zu* eigenen Zielen ein knappes und daher wertvolles Gut geworden.

Freiheit ist somit in modernen Gesellschaften in doppeltem Sinne wertvoll: Zum einen ist sie (das zeigt die Darstellung in Kapitel 3) trotz aller neuen Optionen keineswegs immer und überall zum überreichlich vorhandenen, inflationären, daher an Wert verlierenden Gut geworden. Auch erfährt die individuelle Freiheit neben Bereicherungen auch manche neue Beeinträchtigung. Das macht sie nach wie vor an bestimmten Stellen knapp. Sie ist es deshalb „wert", sich dort für sie einzusetzen.

Zum anderen ist es gerade die Fülle der alltäglichen Handlungschancen (von Computerspielen über Musikevents bis hin zu Fernreisen), die viele Menschen daran hindert, einen subjektiven Sinn zu finden, der ihnen länger und über einzelne Handlungen hinaus Stabilität verleiht. An stabiler Orientierung – Ralf Dahrendorf (1979) würde sagen: an Ligaturen – besteht in modernen Gesellschaften systematischer Mangel. Dagegen gibt es ein Heilmittel: *Werte* erlauben es den Einzelnen, Prioritäten im alltäglichen Handeln zu setzen und so stabile Orientierungen zu erreichen.

Freiheit ist deshalb auch „wert-voll" in dem Sinne, dass nur Werte, die über einzelne Ziele hinausreichen, Menschen längerfristig frei machen. Dies können sehr unterschiedliche Werte sein, etwa religiöse, politische, musische, ökologische oder humanitäre. Dies müssen auch nicht notwendigerweise Werte sein, die Bildungsbürgern viel wert sind. Die Wahl oder Entwicklung ihrer Werte sollte in einer freiheitlichen Gesellschaft den Einzelnen überlassen bleiben. Wichtig ist es jedoch festzuhalten, dass Werte individuelle Freiheit nicht einschränken, sondern im Gegenteil dauerhaft erst möglich machen.

Es ist somit gerade in modernen, wohlhabenden, liberalen Gesellschaften von essenzieller Bedeutung, jene Einrichtungen und Prozesse zu begünstigen, die Menschen Werte und damit wohlverstandene Freiheit *zu* etwas vermitteln. Einen festen Wertekanon zu schaffen, wird in pluralen, offenen Gesellschaften nicht möglich sein. Schon der Versuch wird nachteilig sein. Vorteile wird es dagegen mit sich bringen, wenn vielfältige Anbieter und Vermittler von Werten miteinander konkurrieren.

Das Wichtigste in Kürze

- Unter „Freiheit“ wird die Möglichkeit verstanden, nach eigenem Willen das zu tun oder zu unterlassen, was einem subjektiv sinnvoll erscheint.
- Die negative Freiheit verschont den Einzelnen von Zwängen, während die positive Freiheit ihm gestattet, sich eigene Ziele zu setzen. Erstere Freiheit wächst, wenn mehr erlaubt ist als früher, also die Zahl der Verbote abnimmt. Die zweite Form der Freiheit benötigt Ressourcen wie zum Beispiel Geld, Freizeit oder soziale Kontakte, um tatsächlich verwirklicht werden zu können.
- Unsere Freiheiten basieren auf der Modernisierung. Diese wurde geistig von rationalen Ideen der Renaissance und politisch vom Geist der Aufklärung getragen, aber im großen Rahmen erst mit der Industriegesellschaft umgesetzt.
- Auch wenn unsere Freiheitsgrade im historischen Vergleich groß sind, gibt es auch eine Schattenseite. Die prägenden Trends unserer Zeit – Digitalisierung, Globalisierung, Pluralisierung und wachsende Zweckrationalität – machen uns nämlich nicht nur freier, sondern auch unfreier. Die erleichterte Onlinekommunikation beispielsweise ist mit einer zunehmenden Überwachbarkeit verbunden. Dem global gewordenen Aktionsradius von Unternehmern und Arbeitskräften steht der verkleinerte Handlungsspielraum nationaler Politik gegenüber.
- Die Vielfalt an individuellen Handlungsoptionen hat ebenfalls eine Schattenseite: Viele Menschen verlieren sich im Überangebot der Möglichkeiten und finden keine Orientierung. Die Antwort darauf sind Werte, die leiten und Halt bieten. Dies können religiöse, politische, musische, ökologische oder humanitäre Werte sein. Sie schränken nicht ein, sondern leisten ihren Beitrag für ein gelingendes Leben in Freiheit.

Literatur

Beck, Ulrich, 1986, Risikogesellschaft, Frankfurt am Main

Bundeszentrale für politische Bildung, 2013, Datenreport, Bonn

Dahrendorf, Ralf, 1979, Lebenschancen, Frankfurt am Main

Gesis-ZUMA, 2013, System sozialer Indikatoren für die Bundesrepublik Deutschland, Mannheim

Horkheimer, Max, 1967 [1947], Zur Kritik der instrumentellen Vernunft, Frankfurt am Main

Hradil, Stefan, 1990, Postmoderne Sozialstruktur? Zur empirischen Relevanz einer „modernen" Theorie sozialen Wandels, in: Berger, Peter A. / Hradil, Stefan (Hrsg.), Lebenslagen, Lebensläufe, Lebensstile. Soziale Welt, Sonderband 7, Göttingen, S. 125–150

Hradil, Stefan, 1992, Alte Begriffe und neue Strukturen. Die Milieu-, Subkultur- und Lebensstilforschung der 80er Jahre, in: Hradil, Stefan (Hrsg.), Zwischen Bewußtsein und Sein. Die Vermittlung „objektiver" Lebensbedingungen und „subjektiver" Lebensweisen, Leverkusen, S. 15–56

Kultusministerkonferenz – Sekretariat der Ständigen Konferenz der Kultusminister der Länder in der Bundesrepublik Deutschland, 2012, http://www.kmk.org/statistik/schule/statistische-veroeffentlichungen/schueler-klassen-lehrer-und-absolventen-der-schulen.html [17.5.2014]

Luxemburg, Rosa, 1920, Die russische Revolution, Berlin

Spencer, Herbert, 1877, Die Principien der Soziologie, Stuttgart

Vester, Heinz-Günter, 1985, Modernismus und Postmodernismus. Intellektuelle Spielereien?, in: Soziale Welt, 36. Jg., S. 3–26

Weber, Max, 1969, Gesammelte Aufsätze zur Wissenschaftslehre, Tübingen, S. 427–452

Weber, Max, 1981, Die protestantische Ethik und der Geist des Kapitalismus, in: ders., Die Protestantische Ethik, Gütersloh, S. 188–193

Zapf, Wolfgang, 1991, Modernisierung und Modernisierungstheorien, in: ders. (Hrsg.), Die Modernisierung moderner Gesellschaften. Verhandlungen des 25. Deutschen Soziologentags in Frankfurt am Main 1990, Frankfurt am Main, S. 23–39

Zürn, Michael, 2013, Supranationalisierung. Die Zukunft der Staatlichkeit, in: Hradil, Stefan (unter Mitarbeit von Adalbert Hepp), Deutsche Verhältnisse. Eine Sozialkunde, Frankfurt am Main, S. 472–494

Die Freiheitsliebe der Ökonomen: Vom Wert der Freiheit in einer liberalen Wirtschaftsordnung

Steffen J. Roth

1 Einführung

Für den angewandt arbeitenden Ökonomen, der Empfehlungen abgeben und Stellung beziehen will, also beispielsweise für den ökonomisch ausgebildeten wirtschaftspolitischen Berater, ist Freiheit der zentrale Begriff überhaupt. Aber auch jeder theoretisch arbeitende Wirtschaftswissenschaftler, der sich mit den konzeptionellen Grundlagen seines Fachs auseinandersetzt, wird nicht umhinkönnen, der Freiheit den höchsten Tribut zu zollen.

Normativ geht alle ökonomische Analyse von der Freiheit des Einzelnen aus. Zugleich strebt alles ökonomische Bemühen zur Freiheit hin. Methodisch bleibt das zentrale ökonomische Kriterium der Effizienz vollkommen orientierungslos, wenn es nicht durch die Bezugnahme zur individuellen Wahl- und Handlungsfreiheit eingefangen wird. Ist dieser Gedanke einmal durchgedrungen und der Ökonom zurückgeworfen auf die seinem komplexen und interaktiven Untersuchungsgegenstand angemessene Vorsicht und Demut, wird außerdem klar, dass sein konstruktiver Beitrag zur Gestaltung einer besseren Welt nur darin bestehen kann, Vorschläge zur friedlichen Koordination der Individuen zu unterbreiten. Es geht darum, jedem einzelnen Bürger die größtmögliche Chance einzuräumen, seinen persönlichen Zielen und Präferenzen zu folgen, ihm also möglichst große Freiheit zu belassen.

In allen diesen Beziehungen der Ökonomik zur Freiheit kann und soll aufgezeigt werden, dass sich die jeweils im Fokus stehende Freiheit darin manifestiert, dass aus einer übergeordneten ökonomischen Perspektive kein anderer bestimmter Zweck verfolgt wird als der, jedes Individuum seine eigenen Zwecke wählen zu lassen. Und umgekehrt: Die in wirtschaftspolitischen Debatten häufig vorgebrachten Argumentationen zugunsten von „zweckmäßigen" Vorschlägen sind entweder hypothetische, also bedingte Empfehlungen oder – sofern es sich nicht um rein sprachlich verkürzte und aus dem Zusammenhang gerissene Ausführungen handelt – unwissenschaftliche Behauptungen, weil sie naturalistische Fehlschlüsse beinhalten.

Der Beitrag gliedert sich nach diesen Einführungsworten in vier mehr oder weniger gleichrangige Abschnitte und einen dazwischengeschobenen Exkurs. In den Kapiteln 2 und 3 wird versucht, sich der Bedeutsamkeit der Freiheit für die Ökonomik aus einer positiv deskriptiven Perspektive zu nähern. Dabei wird zunächst in Kapitel 2 der Frage nachgegangen, was an Märkten geschieht und inwiefern man einen unauflösbaren Zusammenhang zwischen Märkten und Freiheit identifizieren kann. Daran anschließend wird in Kapitel 3 herausgestellt, warum es eine unerlässliche Voraussetzung für die wohlfahrtserhöhende Wirkung des Wirtschaftens ist, den Akteuren Freiheit zu lassen, und warum dies wiederum dazu führt, dass die Bürger auch mehr Freiheiten haben. Es folgt in Kapitel 4 ein Exkurs, der sich mit dem Verhältnis von Markt und Politik befasst und dabei die beständige Furcht aufgreift, die fortschreitende Ökonomisierung bedrohe das Primat der Politik. In den Kapiteln 5 und 6 wird sodann der

Freiheit mit normativem Impetus das Wort geredet. Es wird im fünften Kapitel dargelegt, dass und warum individualistisch geprägte Ökonomen nach Strukturen suchen müssen, die den Menschen Freiheit geben und das Schaffen der Gesellschaftsmitglieder keiner zentral vorgegebenen Zweckmäßigkeit unterordnen. Im sechsten Kapitel wird argumentiert, dass nur ein freiheitliches Ordnungssystem unserer konstitutionellen Unwissenheit entspricht und angemessen ist. Den Abschluss bildet eine Zusammenfassung der Hauptargumente.

2 Katallaxie als freundschaftliche Organisation von Besitzänderungen

Aus ökonomischer Perspektive dreht sich in unserer Welt vieles darum, sich den Zugriff auf knappe Ressourcen, Güter und Leistungen zu sichern. Die Frage nach adäquaten Reaktionen auf die als allgegenwärtig wahrgenommene Problematik der Knappheit ist die Kardinalfrage der Ökonomik. Knappheit liegt dabei immer dann vor, wenn den Menschen mehr Nutzungsmöglichkeiten einer Sache einfallen und attraktiv erscheinen als gleichzeitig umgesetzt werden können. Knapp sind damit all die Ressourcen, Güter und Möglichkeiten, von denen jeder Einzelne von uns gerne mehr hätte. Die Beschränkung, welcher der Einzelne unterliegt, zwingt ihn, sich mit der Frage zu befassen, für welche alternativen Optionen die knappen Ressourcen eingesetzt werden sollten beziehungsweise wie mehr von diesen knappen Ressourcen gewonnen werden kann. Es geht hierbei um Fragen der Auswahl, der Optimierung. Solche Fragen werden gerne am Beispiel einer Robinson-Crusoe-Welt analysiert, in der ein einzelner Akteur die Optimierungsaufgabe zu lösen hat, aus knappen Mitteln das Beste zu machen: Soll zum Beispiel die knappe Zeit lieber zur Beschaffung von Nahrungsmitteln, zum Aufbau einer Unterkunft oder zur Erkundung zukünftiger Möglichkeiten und zur Verbesserung bislang nur mangelhafter handwerklicher Fähigkeiten investiert werden?

2.1 Die Konkurrenz um knappe Ressourcen ist konfliktträchtig

Tatsächlich geht es in der echten Welt der sozialen Interaktion aber nicht nur um einzelne Akteure und die Aufteilung der ihnen zur Verfügung stehenden Ressourcen auf konkurrierende Verwendungsmöglichkeiten. Knappheit betrifft auch all die Dinge, die irgendein bestimmter Mensch nicht nutzen kann, weil ein anderer über ihre Verwendung bestimmt: Bin ich bereit hinzunehmen, dass ich keine Nutzpflanzen auf dem fruchtbaren Boden neben unserem Dorf züchten kann, weil der Nachbar dort sein Vieh weiden lässt? Können wir es uns angesichts des Klimawandels leisten, tropische Regenwälder zu dezimieren, weil einzelne Menschen dort durch Brandrodung Land gewinnen? Friedrich August von Hayek nennt die freie Tauschwirtschaft in einer spontanen Ordnung „Katallaxie“. Er unterscheidet sie von der Wirtschaftsordnung zentraler Planung und Steuerung, dem „Oikos“ (Hayek, 2002, 73). Die Katallaxie ist insbesondere deshalb hervorzuheben und zu feiern, weil sie die Möglichkeit des friedlichen Besitzübergangs kennzeichnet. Man verliert es im Alltag entwickelter Zivilgesellschaften leicht aus dem Auge, aber der friedliche und freiwillige Tausch, wie er sich uns heute als typische Markttransaktion darstellt, ist eben keineswegs die einzige Methode des Besitzwechsels und womöglich nicht einmal die naheliegende.

Auf den ersten Blick wirkt es im Gegenteil so, als sei in der Knappheit und in unterschiedlichen Besitzverhältnissen ein Konflikt angelegt, der früher oder später fast zwangsläufig zu Übergriffen führen muss: Was ich begehre, aber mein Gegenüber besitzt, führt tendenziell zu Verdruss. Mein Mangelempfinden kann gemindert werden, indem ich Zugriff und Verfügungsgewalt über das knappe Gut erlange. Es erscheint allerdings unausweichlich, dass dabei der ursprüngliche Besitzer geschädigt wird und sich schlechterstellt als zuvor. Solange es Möglichkeiten gibt, durch den produktiven Einsatz von Fähigkeiten und Kräften mehr zu erwirtschaften als durch den gewalttätigen Übergriff, können gesellschaftliche Regeln und Normen die Anstrengungen der Menschen in gegenseitig vorteilhafter Weise kanalisieren. Ein wirksamer Schutz vor innerer und äußerer Gewalt sowie Rechtssicherheit und stabile Erwartungen begünstigen die Abrüstung der einzelnen Gesellschaftsmitglieder und die Konzentration auf Produktion, Dienstleistung und Handel. Allerdings zeigen alle Erfahrungen in Kriegs- und Bürgerkriegsgebieten, wie fragil solche zivilisatorischen Errungenschaften sind. Das gewalttätige Aneignen von knappen Ressourcen und Gütern, die gewalttätige Unterwerfung anderer, um ihre Dienste in Anspruch nehmen zu können, scheinen nur mehr oder minder vorübergehend durch komplizierte moralische, soziale und juristische Regeln eingedämmt.

Selbst in Friedenszeiten würden diese gesellschaftlichen Einschränkungen und Sanktionen wahrscheinlich nicht dauerhaft genügen. Ein ausschließlich durch Strafandrohungen aufrechterhaltenes Miteinander bedürfte der ständigen und überaus kostspieligen Überwachung. Tausch und Handel konnten sich also vermutlich nicht allein deshalb durchsetzen, weil kluge Herrscher Raub und Totschlag verboten haben. Hilfreich war sicherlich außerdem die bereits in der Steinzeit aufgekommene Idee des Tauschs und Handels. Hierin liegt der positive Beitrag der Katallaxie: Sie ermöglicht Tauschgewinne und schafft so einen Anreiz zum friedlichen Zusammenleben. Denn Tausch und Handel inklusive der damit erreichbaren Tausch- und Spezialisierungsgewinne sind nur im vertrauensvollen friedlichen Miteinander und im gegenseitigen Bemühen um Kooperation aussichtsreich.

2.2 Gute Tauschgeschäfte sind gegenseitig vorteilhaft

Es bedarf eines zweiten, ganz bewussten Blicks auf die gegenseitige Vorteilhaftigkeit von freiwilligen Tauschhandlungen, um offenzulegen, dass der freiwillige Tausch einen Mehrwert in sich zu schaffen in der Lage ist. Es wird jedem einzelnen Mitglied einer Gruppe durch Tauschhandlungen möglich, einen höheren Wohlstand zu erreichen als in einer einsamen Robinson-Crusoe-Welt.

Wenn Menschen unterschiedliche Dinge haben oder herstellen können und womöglich zugleich unterschiedliche Dinge wollen, dann besteht Potenzial für eine beiderseitige Besserstellung durch Tausch. Ein gelungener Tausch ist eben kein Nullsummenspiel, bei dem der eine nur das bekommt, was der andere hergibt. Es kommt beim Gegenüber regelmäßig mehr an. Wäre es ein Nullsummenspiel, dann müsste es für jeden erfolgreichen Marktteilnehmer auch einen geben, der den Tausch bereut. Jeder, der begeistert von einem „guten Geschäft“ berichtet, das er abzuschließen in der Lage war, müsste zugleich ein trauriges Gegenüber zurücklassen, das ein entsprechend „schlechtes Geschäft“ gemacht haben müsste. Das ist aber nicht so.

Der Beitrag der Wirtschaftswissenschaftler zur Verbesserung der Welt besteht nicht darin, dass sie irgendetwas besser oder billiger herzustellen wissen als die Produzenten, die tatsächlich wirtschaften. Auch wissen Wirtschaftswissenschaftler nicht besser als Konsumenten, was diese wann und in welchen Mengen zu ihrem Wohlergehen nachfragen sollten. Ökonomen schaffen es, mehr Nutzen und Wohlstand in die Welt zu bringen, obwohl sie nichts Greifbares herstellen und keine besseren Informationen über die konkreten Verwendungsmöglichkeiten knapper Ressourcen haben als die von ihnen beratenen Nicht-Ökonomen. Der Trick der Wirtschaftswissenschaftler besteht darin, den Menschen zum Tausch zu raten und dabei aus eins plus eins mehr als zwei zu machen: Wenn der Fischer dem Bäcker einen Fisch abgibt und von diesem dafür ein Brot erhält, dann gibt es dadurch zwar nicht mehr Fisch und Brot auf der Welt, aber dennoch eine größere Zufriedenheit, mehr Glück und größeren Wohlstand. Die Aufgabe von Ökonomen besteht darin, solche Tauschmöglichkeiten zu identifizieren und die Gesellschaft auf die damit verbundenen potenziellen Tauschgewinne aufmerksam zu machen.

Laut Hayek (2002, 73) bedeutet der altgriechische Ausdruck „katallatein“ nicht nur „tauschen“, sondern im übertragenen Sinne zugleich „sich den Fremden zum Freund machen“. Aus einer übergeordneten Perspektive ist dies vor dem Hintergrund alternativer Methoden des Besitzwechsels und Umgangs mit der Knappheitsproblematik nun überaus einsichtig: Der als drückend empfundenen Mangelsituation durch friedfertigen freiwilligen Tausch zu entkommen, ermöglicht es, dem Fremden nicht misstrauisch und feindselig zu begegnen oder ihn nicht als potenziellen Aggressor, wenigstens aber als Konkurrenten um die knappen Ressourcen zu betrachten, sondern ihn umgekehrt als Tauschpartner willkommen zu heißen. Die Erfahrung gegenseitig vorteilhafter Tauschhandlungen birgt nicht nur die Chance, durch kooperatives Handeln zu mehr Wohlstand und Zufriedenheit zu gelangen, sondern darüber hinaus das Gegenüber als wohltuend zu empfinden und als Freund zu betrachten.

Wirklich geniale Wirkung entfaltet die Tauschmöglichkeit schließlich in dynamischer Hinsicht: Denn erst die Erwartung von funktionierenden Märkten, an denen man

Tauschpartner finden und solche gegenseitig vorteilhaften Tauschgeschäfte vollziehen kann, erlaubt es, dass sich jemand auf die Herstellung bestimmter Güter, auf die Verrichtung eines Handwerks oder das Angebot einer Dienstleistung konzentriert, sich also auf eine Tätigkeit spezialisiert. Die Spezialisierung wiederum ermöglicht es, wenige Fertigkeiten zu perfektionieren und darin besser, geschickter, schneller und mithin produktiver zu werden, statt alle erforderlichen Dinge mehr schlecht als recht selbst zu erledigen.

Selbst wenn man der sozial-romantischen Vorstellung anhängt, der weitgehend autark arbeitende Mensch habe aufgrund seiner ganzheitlichen Erfahrung ein viel erbaulicheres und freieres Leben: Man wird zugeben müssen, dass man die Grenze wünschenswerter Spezialisierung nur graduell weiter fasst als andere, sie aber nicht gänzlich ablehnt (vgl. zu diesem Problem schon Smith, 2005, 747). Tausch und Handel ermöglichen den Menschen die Spezialisierung auf Tätigkeiten, für die der Einzelne aufgrund besonderer Begabung oder besonderen Interesses gut geeignet ist. Die Spezialisierung bietet uns nicht nur wegen der dank der Spezialisierungsgewinne besseren Versorgung mit materiellen Gütern die wesentliche Grundlage für unser bequemes Leben, sondern auch die Grundvoraussetzung zur Entwicklung von Kunst und Wissenschaft (Roth, 2014, 14 ff.).

Ökonomen interpretieren freiwillige Tauschhandlungen routiniert als gegenseitig vorteilhafte Besitzänderungen. Nach dem in der Ökonomik bis heute grundlegenden Wohlfahrtskriterium Vilfredo Paretos sind für alle beteiligten Individuen vorteilhafte Veränderungen auch gesamtgesellschaftliche Wohlfahrtsverbesserungen. Ergebnisse freiwilliger Tauschprozesse oder politischer Einstimmigkeit (Wicksell, 1896) werden daher als gesellschaftliche Wohlfahrtsverbesserungen angesehen, funktionierende Märkte als wohlfahrtserhöhende Institutionen interpretiert. Auch wenn diese Schlüsse im ökonomischen Alltag häufig weitgehend unreflektiert gezogen werden, basieren sie auf einer normativen Setzung der individuellen Freiheit, die in der Wertbasis (Albert, 1980) der so argumentierenden Ökonomen verankert ist.

Die Logik, die hier implizit bemüht wird, setzt axiomatisch voraus, dass die handelnden Individuen wissen, was sie wollen, Erwartungen darüber haben, was sie zufriedener macht, und sich nutzenmaximierend so verhalten, wie sie es gemäß ihren Wertvorstellungen und Erwartungen für sinnvoll halten, um ihr Wohlergehen zu steigern. Nur unter der Voraussetzung, dass sie andernfalls nicht tauschen würden, kann aus der Beobachtung eines freiwilligen Tauschs geschlossen werden, dass sich beide Seiten besserstellen. Deshalb sprechen Ökonomen meist von „freiwilligen Tauschhandlungen" und differenzieren ihr Urteil, sobald diese Freiwilligkeit infrage steht (etwa im Fall von Minderjährigen, Kranken, Suchtverhalten, Notsituationen).

Damit reicht der Begründungszusammenhang der Vorteilhaftigkeit von Märkten auch in die Debatte hinein, inwieweit es „Willensfreiheit" überhaupt gibt. Die ökonomische Theorie unterstellt mit ihrer Ausrichtung auf die Nutzensteigerungen der Menschen und mit ihrer Akzeptanz der menschlichen Wertschätzung entweder eine bedeutungsvolle Willensfreiheit des Einzelnen. Oder sie geht, jedenfalls behelfsweise, von der persönlichen Integrität des einzelnen Menschen dergestalt aus, dass dieser einer ihm eigenen Motivationslage folgt, die keiner objektiven Beurteilung durch andere zugänglich ist und keinen umfassend gelingenden Versuchen der Fremdbestimmung unterliegen darf.

3 Wettbewerbsmärkte schaffen Wohlstand und Wahlfreiheit

Funktionierende Wettbewerbsmärkte unterstützen sowohl Bestrebungen zur Stärkung der positiven Freiheitsrechte, die vom Mangelempfinden getrieben werden, als auch solche zur Stärkung der klassisch liberalen negativen Freiheitsrechte. Zu den positiven Freiheitsrechten, deren Erfüllung die Menschen erst in die Lage zu einer im wertvollen Sinne selbstbestimmten und würdevollen Lebensführung versetzt, gehören zunächst die materiellen Befriedigungen basaler Bedürfnisse. Die Freiheit, die darin besteht, dass man sein eigener Herr ist, dass man selbstbestimmt handelt und eigene Lebenspläne verfolgt, dass man Entscheidungen aus Gründen und bewusst gewählten Absichten trifft und nicht von Ursachen getrieben wird, die von außen auf einen einwirken (Berlin, 1995, 211), erfordert nicht nur die Existenz und Nutzung individueller Willensfreiheit, sondern auch ein Mindestmaß an Handlungsmitteln. Bekanntlich kommt „erst das Fressen, dann die Moral“ (Brecht, 1928, 67) oder feiner ausgedrückt: „Der ägyptische Bauer braucht vor der persönlichen Freiheit zunächst einmal Kleider oder Medikamente, und er braucht diese mehr als jene“ (Berlin, 1995, 204). Die Versorgung der Menschen mit dringend benötigten Waren und Dienstleistungen weist also eine konstitutive Beziehung zur Freiheit auf.

3.1 Freie Märkte versorgen die Bürger mit benötigten Gütern

Eine längst ins Allgemeinwissen eingegangene ökonomische Erkenntnis ist dabei die, dass das Marktsystem hinsichtlich der Nutzung knapper Ressourcen zum Zweck der Versorgung der Menschen mit dringend benötigten Waren und Dienstleistungen, also zum Zweck der Beseitigung materieller Mangelversorgung, extrem leistungsfähig ist. Dabei spannt das Marktsystem die zunächst ihren eigenen Interessen folgenden Akteure in den Dienst der Versorgung anderer Marktteilnehmer. Diese Erkenntnis, deren Beschreibung zur Geburtsstunde der ökonomischen Wissenschaft zählt, negiert keinesfalls, dass Menschen soziale Wesen sind und sympathische oder empathische Gefühle für Mitmenschen eher die Regel als die Ausnahme darstellen. Aber Adam Smith formulierte bereits 1776 klar, dass diese zwischenmenschliche Sympathie, der er 17 Jahre zuvor sein erstes Buch („The Theory of Moral Sentiments“) gewidmet hatte, im arbeitsteiligen Wirtschaftsprozess entwickelter Gesellschaften nicht als Triebfeder der Versorgungsleistungen genügen würde. Vielmehr bedarf es dort der wirtschaftlichen Vorteile, der Anreize in Form der Gewinn- und Einkommenserzielungsmöglichkeiten für die Marktteilnehmer, um deren Bequemlichkeit zu überwinden beziehungsweise deren Egoismus für die Versorgung der Gesellschaft zu nutzen.

Jeder kennt die einschlägige Textstelle, in der Smith darauf hinweist, dass wir uns nicht vom Wohlwollen des Metzgers, Brauers oder Bäckers unsere Mahlzeit erwarten, sondern davon, dass sie ihre eigenen Interessen wahrnehmen. Statt von unseren Bedürfnissen zu sprechen, würden wir ihnen ihre Vorteile des Tauschs aufzeigen. Statt an ihre Menschenliebe zu appellieren, würden wir uns an ihre Eigenliebe wenden (Smith, 2005, 98). Es ist in einem gut eingehegten Marktsystem nicht nur weitgehend unschädlich, wenn die Akteure ihre eigenen Interessen verfolgen, über die sie gut Bescheid wissen und zu deren Verfolgung sie eine intrinsische Motivation aufbringen, sondern sogar hilfreich, um alle Bedürfnisse und Interessen abzubilden. Jede Reglementierung der Marktteilnehmer, die nicht ihrerseits erforderlich erscheint, um freien Marktzutritt und freiwillige Tauschakte zu garantieren, hat ihren Preis darin, dass sie die potenzielle Leistungsfähigkeit der Wirtschaft einschränkt.

Diese Leistungsfähigkeit der Wettbewerbswirtschaft zur Verbesserung der Wohlstandssituation breiter Bevölkerungsgruppen wiederum sollte nicht leichtfertig als „materialistisch" verunglimpft werden. Solche Diffamierungen entstammen tendenziell der eigenen Sattheit und Versorgungssicherheit. Es ist klar, dass die Versorgung breiter Bevölkerungsschichten mit dringend benötigten Waren und Dienstleistungen in den meisten Zeiten der Menschheitsgeschichte eine herausfordernde Aufgabe darstellte und in den meisten Teilen der Welt auch heute noch darstellt. Die Versorgung der gesamten Bevölkerung mit für eine menschenwürdige Existenz notwendigen Gütern, die als Voraussetzung zur Wahrnehmung politischer Freiheiten und zur Teilhabe an der Gesellschaft gelten, kann als Schaffung positiver Freiheitsrechte interpretiert werden. Und an diesem Gedanken wird deutlich, in welchem Sinne das Versprechen eines „Wohlstands für alle", welches Ludwig Erhard der deutschen Bevölkerung nach dem Zweiten Weltkrieg gab und durch die Entfesselung und Nutzung der freien Marktkräfte zu erfüllen suchte, eben zugleich die erfolgreichste Antwort auf die „soziale Frage" darstellte („Je freier die Wirtschaft, umso sozialer ist sie auch", Erhard, 1988).

3.2 Konkurrenz beschränkt die wirtschaftliche Macht Einzelner und nützt den Konsumenten

Damit aber nicht genug. Freie Märkte bedienen nicht nur das Ideal positiver Freiheit für große Bevölkerungsschichten, sie dienen zugleich als Entmachtungsinstrument und sind daher hilfreich zur Stärkung negativer Freiheit für die Konsumenten. Insbesondere das wohlfahrtsökonomische Ideal der Freiburger Schule ist geprägt von seiner Skepsis gegenüber jedweder Machtansammlung – auch solcher in den Händen privater Wirtschaftsakteure. Das Ideal der Märkte ist daher in dieser Tradition ausdrücklich verbunden mit der Situation einer wirkungsvollen Konkurrenz. Auf einem Markt, auf dem unzählige Anbieter und Nachfrager aufeinandertreffen, erlangt niemand eine beherrschende Stellung, übt niemand Zwang aus.

Mithilfe der Ideen von Albert O. Hirschman (1970) kann aus dieser Perspektive gezeigt werden, dass Wettbewerbsmärkte in Bezug auf die Macht wirtschaftlicher Akteure als Entmachtungsinstrumente wirken und negative Freiheitsrechte über zwei Wege garantieren, die einander komplementär ergänzen. Wenn Freiheit als Abwesenheit von Zwang durch andere verstanden wird, so unterscheidet Hirschman mit Abwanderung (Exit) und Widerspruch (Voice) zwei unterschiedliche freiheitsschaffende Strategien. Im hier vorliegenden Kontext helfen diese Begrifflichkeiten dabei zu verdeutlichen, dass der Wettbewerb dazu führt, die Marktwirtschaft insgesamt in den Dienst der Konsumenten zu stellen (Konsumentensouveränität). Die Möglichkeit der Abwanderung oder – weniger prosaisch ausgedrückt – der Wechsel des Anbieters im Markt dient aus Sicht der Nachfrager als freiheitserhaltender oder freiheitsschaffender Mechanismus, weil der einzelne Konsument offensichtlich nicht unter dem Zwang des Anbieters leidet, insofern er freiwillig bei diesem Anbieter bleibt.

Gemäß den üblichen Überlegungen gilt auch hier selbstverständlich, dass die Belastbarkeit einer solchen „impliziten Zustimmung“ von den Kosten und dem Nutzen einer Abwanderung abhängt. Freiwilligkeit kann man Konsumenten unterstellen, die wiederholt mit denselben Produzenten ins Geschäft kommen, obwohl ein Wechsel des Anbieters mit nur geringen oder keinen Wechselkosten verbunden wäre. Freiwilligkeit setzt außerdem voraus, dass es ein ausreichend vielfältiges Angebot gibt, um eine hohe Wahrscheinlichkeit dafür zu schaffen, dass sich nicht nur überhaupt weitere Anbieter finden, sondern auch Angebote darunter sind, die dem Einzelnen mehr zusagen. Um auf die Abwesenheit von Zwang zu schließen, genügt es mithin nicht, dass es eine Vielzahl von Bäckereien im Ort gibt. Diese müssen auch unterschiedliche Brötchen anbieten.

Das Modell des wohlfahrtsökonomischen „vollständigen Wettbewerbs“ genügt diesen Anforderungen eher nicht: Hier gibt es zwar viele Anbieter, sie verfügen allerdings alle über dieselben Informationen und bieten dieselben Waren oder Dienstleistungen an. Das Modell spiegelt aber (glücklicherweise) nicht die Realität echter Märkte. Der tatsächliche Wettbewerb ist typischerweise nicht im langfristigen Gleichgewicht, sondern in Bewegung. Er dient als permanentes Entdeckungsverfahren nicht nur der Disziplinierung in Richtung sparsamer Produktionsweisen, sondern vor allem der ständigen Suche nach Produkten und Leistungen, die von den Konsumenten mit relativ höherer Zahlungsbereitschaft nachgefragt werden. Es gibt dabei kein objektives Maß für „bessere“ Produkte, sondern es geht eben ausschließlich um präferenzgerechte Angebote im Sinne der Konsumenten: „Der Kunde ist König.“

Die Konsumenten verfügen dabei über verschiedene Präferenzen. Es haben also verschiedene Produkte und Leistungen Chancen, von verschiedenen Menschen bevorzugt zu werden. Niemand weiß im Vorhinein, welche Veränderungen im Angebot auf begeisterte Zustimmung von Konsumenten stoßen. Die Anbieter müssen mithin ihren Erwartungen, Ahnungen und Eingebungen folgen, um ihre Angebote in einem permanenten Trial-and-Error-Prozess immer wieder neu zu erfinden. Darum bietet der offene Prozess des freien Wettbewerbs die freiheitsförderliche Angebotsvielfalt. Der Wettbewerbsmarkt schützt die Konsumenten vor Zwang durch mächtige Anbieter, indem Wechsel der Anbieter leicht und billig sind und indem die Angebotsvielfalt im Wettbewerb gefördert wird.

Hirschman weist jedoch auch auf die Möglichkeit hin, seine Unzufriedenheit mit einem bestehenden Angebot zu äußern (Voice). Alternativ zum Wechsel des Anbieters bietet sich der Versuch an, Einfluss auf das Angebot zu nehmen, dem Anbieter die eigenen Präferenzen zu offenbaren, Wünsche zu äußern. Offensichtlich leidet auch kein Konsument unter dem Zwang eines Anbieters, sofern dieser ihm jeden Wunsch von den Augen abliest. Die Strategie des Widerspruchs hat dann großen Reiz, wenn die Kosten gering und die Wirksamkeit der Meinungsäußerung groß sind. Um die Konsumenten trotz mangelhafter Abwanderungsmöglichkeit dauerhaft vor Zwang zu schützen, genügt es also zum Beispiel nicht, eine kostenlose Hotline für Beschwerden zu schalten. Die vorgebrachten Beschwerden und Anregungen müssen auch ausgewertet und berücksichtigt werden.

Aus Sicht der Konsumenten sind Voice und Exit substitutiv. Ein Konsument, der den Anbieter wechselt, um beim Konkurrenten besser bedient zu werden, hat wenig Anlass, den alten Anbieter über seine Wunschvorstellungen zu unterrichten. Und umgekehrt: Wer hoffen kann, dass der einmal gewählte Anbieter im Fall einer Beschwerde oder einer Äußerung von Wünschen alles unternehmen wird, um den Wünschen gerecht zu werden, muss sich nicht nach Alternativen umsehen.

Aus der Perspektive der Anbieter aber wirken die beiden Strategien komplementär: Sehen sich die Anbieter mit der Situation konfrontiert, dass den Konsumenten kostengünstige und erfolgversprechende Abwanderungsmöglichkeiten offenstehen, entwickeln sie gerade deshalb ein Eigeninteresse daran, den Nachfragern auch die Voice-Option einfach und erfolgversprechend zu erschließen. Unter Konkurrenzdruck agierende Anbieter werden ernsthaft bemüht sein, die Wünsche und Beschwerden der Nachfrager aufzunehmen und zu berücksichtigen. Für Monopolisten hingegen bestehen nur begrenzte Anreize, die Beschwerden der Kunden ernst zu nehmen. Ihnen sind die Konsumenten ausgeliefert. Umgekehrt jedoch ist das Ignorieren der Kundenwünsche für Unternehmer im Wettbewerbsmarkt existenzbedrohend.

Freie Wettbewerbsmärkte versorgen die Marktteilnehmer mit benötigten Waren und Dienstleistungen und schaffen materiellen Wohlstand. Erst diese Versorgungsleistung ermöglicht es den Menschen, sich über die Befriedigung basaler materieller Bedürfnisse hinaus mit der Wahrnehmung anderer Freiheiten zu befassen. Zwar bieten freie Wettbewerbsmärkte keine Stärkung der Abwehr gegen politische oder militärische Macht. Wohl aber befreien sie die Menschen aus der wirtschaftlichen Abhängigkeit von wenigen Anbietern oder Nachfragern, die in nicht wettbewerblichen Wirtschaftssystemen herrscht. Im Wettbewerb vieler Wirtschaftsakteure sorgen Vielzahl und Vielfalt für ausreichende Wahlfreiheit. Die Konkurrenz zwingt die Wirtschaftsakteure außerdem dazu, die Wünsche der Handelspartner aufmerksam wahrzunehmen und zu berücksichtigen.

4 Exkurs: Freie Märkte und das Primat der Politik sind nur scheinbar widersprüchlich

Weshalb freie Wettbewerbsmärkte in der Lage sind, so viel bessere Ergebnisse hinsichtlich der Versorgung der Konsumenten mit den von diesen gewünschten Waren und Dienstleistungen zu erzielen, wird in Kapitel 6 ausgeführt, wenn es um die Organisation der Informationsgewinnung und -verarbeitung in komplexen Zusammenhängen geht. An dieser Stelle soll nur betont werden, dass es in einer bedeutungsvollen Weise „freie" Wettbewerbsmärkte sind, die sich bei der Befriedigung der Konsumbedürfnisse und bei der Behebung von Versorgungsschwierigkeiten als erfolgreich herausstellen. Deshalb sollten keine steuernden Eingriffe der Politik in das Marktgeschehen erfolgen – jedenfalls nicht, um den Marktteilnehmern zur vermeintlich „richtigen" Strategie des Wirtschaftens zu verhelfen. Um möglichst gute Ergebnisse zur Versorgung der Bürger mit gewünschten Waren und Dienstleistungen zu erzielen, müssen die Marktteilnehmer frei sein.

Dabei drohen die Begriffe „freier Markt", „freier Wettbewerb", „Freiheit des Unternehmers" etc. regelmäßig missverstanden zu werden. Die Freiheit der Marktteilnehmer kann natürlich niemals eine vollständig unbegrenzte sein, das Primat der Politik soll nicht in Abrede gestellt werden. Aber niemand sollte sich dazu aufschwingen, den Marktteilnehmern zum Zweck der besseren Güterversorgung, des höheren Wachstums, der Einkommenssteigerung oder zu ähnlich originären Zwecken des Wirtschaftens vorzugeben, was oder wie sie produzieren, handeln oder konsumieren sollen. Um den „freien Wettbewerbsmarkt" als Wohlstandsmechanismus nutzen zu können, müssen die Marktteilnehmer innerhalb von zuvor definierten außerökonomischen Restriktionen frei sein, ihrer jeweils eigenen Vorstellung von wünschenswerten Tauschgeschäften folgen zu können.

Wenn vonseiten der Politik zwischen unzulässigen und zulässigen Strategien im Wettbewerb unterschieden wird, also bestimmte Handlungsweisen mit der Macht des Gesetzgebers unterbunden werden, auf die Marktteilnehmer andernfalls in der Konkurrenz mit anderen verfallen könnten, dann müssen für diese Verbote übergeordnete andere Gründe angeführt werden können. Natürlich existieren viele solche Gründe.

Einige gewichtige Eingriffsargumente dienen der Schaffung eines an den Konsumentenwünschen ausgerichteten Leistungswettbewerbs und der anschließenden Aufrechterhaltung des freien Wettbewerbs selbst. Entsprechende Eingriffe konkurrieren also nicht mit dem Ziel, die Wirtschaftsordnung von freiem Wettbewerb leiten zu lassen, sondern sind originäre Aufgabe einer freiheitlichen Wettbewerbsordnung.

Beispielsweise sind die Verbote von Totschlag, Raub und Erpressung allgemein akzeptierte Beschränkungen. Würde man den Starken und Skrupellosen im Markt solche Strategien zur Verfolgung ihrer Interessen nicht untersagen, könnte man nicht allzu häufig von freiwilligen Tauschakten der Marktteilnehmer ausgehen. Aber auch die Abwehr eleganterer Bestrebungen, den Wettbewerb zu unterbinden oder zu beschränken, ist ein weithin akzeptierter Grund für staatliche Eingriffe der Wettbewerbskontrolle. Freie Märkte bleiben nicht auf alle Zeit frei zugänglich für Wettbewerber, wenn man sie sich selbst überlässt. Ohne freien Marktzutritt aber könnten neue Wettbewerber nicht mit ihren Ideen in Konkurrenz zu den alteingesessenen Platzhirschen treten.

Das Verbot von Korruption setzt sich immer mehr durch, langsam auch das der Bestechung ausländischer Amtsträger zum Zweck der Auftragsakquise. Auch dies schützt den freien Wettbewerb, da selbstverständlich ein Leistungswettbewerb gemeint ist, die Konkurrenten also um die Gunst der Nachfrager mit ihren Leistungen buhlen sollen. Korruption hingegen dient der Verschleierung und Privilegierung unabhängig von den eigentlichen Leistungen.

Bei Verboten von umwelt- und gesundheitsschädlichen oder sittenwidrigen Konsum- oder Produktionsweisen wird klar, dass man zwischen der unmittelbaren besseren materiellen Versorgung der Menschen und anderen Zielen abwägen muss. Mitte des letzten Jahrhunderts freute man sich noch, wenn bei der Fabrik buchstäblich der Schornstein rauchte, weil dies auf rege Produktion begehrter Konsumgüter und damit zugleich auf attraktive Arbeitsplätze und Erwerbsmöglichkeiten hinwies. Heute betrachtet man dieselbe Produktionsanlage überwiegend mit Skepsis. Ähnlich verhält es sich mit der internationalen Ächtung von Kinderarbeit, die nicht in jedem Fall und von allen als probates Mittel zum Schutz der betroffenen Kinder gutgeheißen wird. Ein Teil der nicht mehr in der Exportindustrie arbeitenden Kinder wird nämlich in der Konsequenz nicht zur Schule geschickt, sondern muss sich in weitaus gefährlicheren und entwürdigenderen Tätigkeiten als zuvor verdingen.

Wo nicht die Aufrechterhaltung des freien Wettbewerbs selbst Ziel der Intervention und Begrenzung der Marktteilnehmer ist, sondern andere Ziele – wie Umwelt- und Tierschutz, die Unversehrtheit der Gesundheit oder Menschenrechte – den Grund zur Begrenzung der für zulässig befundenen Verhaltensweisen der Wirtschaftsakteure darstellen, muss zwischen unterschiedlichen Wertvorstellungen und Interessen abgewogen werden. Solche Abwägungen sind politische Entscheidungen und Ökonomen akzeptieren wie andere Wissenschaftler auch, dass es in politischen Fragen letztlich keine sachlogisch zwingenden Lösungen gibt, sondern demokratische Meinungsbildungsprozesse und Entscheidungen gebraucht werden. Man kann also mit Fug und Recht Einschränkungen der Marktteilnehmer fordern, um andere Ziele zu verfolgen, ohne sich damit gegen ökonomische Erkenntnisse zu stellen. Das Primat der Politik wird hier uneingeschränkt akzeptiert.

Mit Blick auf das Ziel der wirtschaftlichen Prosperität hingegen, also bezüglich der Einkommenschancen der Wirtschaftsakteure und bezüglich des Ziels einer möglichst umfassenden Versorgung der Menschen mit von ihnen gewünschten Waren und Dienstleistungen, gebietet es die ökonomische Logik, den Markt frei zu lassen. Dies ist kein Widerstand gegen das Primat der Politik, sondern der Hinweis auf Sachzusammenhänge, die auch die Politik nicht ändern kann. Es ist mithin die Aufgabe der Ökonomen, in der politischen Debatte auf diese Wirkungszusammenhänge hinzuweisen und vor der Selbstüberschätzung der Politik zu warnen, falls dennoch versucht wird, mit zentralen Vorgaben bessere Ergebnisse zu erzielen.

5 Effizienz ist nicht Ziel des Wirtschaftens, sondern ein knappheitsbedingtes Gebot

Ökonomik wird auch als Wissenschaft der Wahlentscheidungen bezeichnet. Diese Perspektive wird verständlich, wenn man die bereits in Kapitel 2 ausgeführte Problematik der Knappheit als Kardinalproblem der Menschheit in ihrer Konsequenz betrachtet. Knappheit bedeutet, dass Menschen über mehr Wünsche verfügen, als mit der zur Verfügung stehenden Menge der Ressourcen erfüllt werden können. Die Menschen haben also mehr attraktiv erscheinende Ideen zur Verwendung der betrachteten Ressourcen, als umgesetzt werden können. Die allgegenwärtige Knappheit zwingt rational nutzenmaximierende Individuen dazu, eine Wahl zu treffen. Jede Entscheidung für eine bestimmte Verwendung knapper Ressourcen bedeutet dabei aber einen gleichzeitigen Verzicht auf andere Nutzungsmöglichkeiten. Wenn jede Entscheidung über die Verwendung einer knappen Ressource mit dem Verzicht auf andere Nutzungsmöglichkeiten einhergeht, kann keine Nutzung knapper Ressourcen jemals kostenlos sein, denn Kosten in Form der entgangenen Freude bei alternativen Verwendungsmöglichkeiten bestehen immer (Opportunitätskosten).

Vor dem Hintergrund der Opportunitätskosten ist es unmittelbar einleuchtend, dass Ökonomen der Knappheitssituation gerecht zu werden versuchen, indem sie darauf dringen, grundsätzlich effizient vorzugehen. Das ökonomische Prinzip der Effizienz fordert in seiner Formulierung als Minimierungsaufgabe, ein gegebenes Ziel mit dem geringstmöglichen Ressourcenaufwand zu erreichen. In der Variante als Maximierungsaufgabe geht es darum, mit einem gegebenen Ressourceneinsatz so viel wie möglich zu erreichen oder einem noch nicht vollständig erreichten Ziel so nahe wie möglich zu kommen. Jede andere, also jede ineffiziente Vorgehensweise, würde unnötigerweise auf alternative Verwendungsmöglichkeiten der knappen Ressource und den damit einhergehenden Gewinn an Wohlbefinden, Zufriedenheit und Freude verzichten und wäre somit verschwenderisch. Effizienz meint also nicht mehr als Verschwendungsfreiheit. Ökonomen haben sich der Verschwendungsfreiheit verschrieben. Bereits Studierende im ersten Semester eines Volkswirtschaftsstudiums werden dazu angeleitet, unter den verschiedensten Bedingungen effiziente Vorgehensweisen zu errechnen.

Damit lässt sich jedoch nur scheinbar arbeiten. Tatsächlich bietet die Eigenschaft der Verschwendungsfreiheit noch keinerlei Orientierung, denn es fehlt der Maßstab, das eigentliche Ziel. Die Forderung nach Effizienz sagt nur, *wie* etwas getan werden soll, nicht aber *was*. Der Begriff „Effizienz“ ist die Substantivierung des Adjektivs „effizient“ und bleibt ohne Bezugsgröße eine bedeutungslose Phrase. Effizienz erscheint als sinnvolle Nebenbedingung, aber kein vernünftiger Mensch erklärt die Effizienz zum eigentlichen Leitgedanken seiner Lebensführung. Man widmet sich der Suche nach Erkenntnis oder der Vervollkommnung der eigenen Bildung. Man setzt sich für Gerechtigkeit oder Gleichberechtigung ein. Man strebt nach Freiheit oder sucht Schönheit und Wahrheit. Aber niemand strebt nach Effizienz, ohne die sparsam verwendeten, nicht verschwendeten Ressourcen für bestimmte Ziele und Zwecke nutzen zu wollen.

5.1 Die Ökonomik bedient sich einer anthropozentrischen und individualistischen Wertlehre

Welche Ziele sind es also, die in der Ökonomik verschwendungsfrei verfolgt werden sollen? Da innerhalb der Ökonomik keine eigenständige Wertlehre vertreten und keine religiöse oder metaphysische Lehre als heilsbringende anerkannt wird, es also neben der „Nutzenmaximierung“ keine ursprünglichen Ziele und Zwecke gibt, ist die Ökonomik auf die Wertschätzung der Menschen angewiesen. Ohne Wertschätzung durch Menschen gibt es keinen Wert, kein Ziel, keinen Beurteilungsmaßstab, also nichts, was effizient erreicht werden könnte.

Überall dort, wo Ökonomen vorgeben, auch ohne beobachtbare oder vorauszusetzende Wertschätzung durch betroffene Menschen zu wissen, was effizient ist, und daher scheinbar objektive Empfehlungen abgeben, liegt ein logischer Fehlschluss vor. Gewöhnlich handelt es sich um einen naturalistischen Fehlschluss, bei dem aus der Feststellung eines Sachzusammenhangs ohne weiteres eine Empfehlung abgeleitet wird. Die Bezeichnung einer scheinbar beziehungslosen, objektiv ableitbaren Empfehlung als naturalistischen Fehlschluss verweist darauf, dass das „Gute“ oder „Empfehlenswerte“ keine rein deskriptive, natürliche Eigenschaft ist. Selbst wenn lediglich auf instrumenteller Ebene Empfehlungen gegeben werden sollen, kann keine Empfehlung auf eine normative Zielvorgabe verzichten (Suchanek, 1997).

Um von einer rein deskriptiven Feststellung über Wirkungszusammenhänge auf eine wirtschaftspolitische Empfehlung zu kommen, braucht es eine wertsetzende Prämisse, einen Brückensatz, eine Bedingung. Es muss wenigstens definiert werden, was das Ziel der Entscheidung ist, häufig außerdem, welche Nebenbedingungen Berücksichtigung finden sollen. Wo auf die explizite Nennung solcher Bedingungen verzichtet wird, handelt es sich in der Regel um implizite Wertungen, die der betreffende Ökonom entweder für nicht nennenswert hält oder die zu nennen er vergisst, weil er eine andere als die ihm unbewusst vorschwebende Zielsetzung nicht für möglich hält. Tatsächlich wird man in vielen Fällen zugeben können, dass auch ohne die explizite Benennung der normativen Setzungen wenig Anlass zu Missverständnissen besteht.

Um Missverständnissen vorzubeugen, intersubjektiv nachvollziehbar zu argumentieren und auch um die normative Setzung einer Diskussion zugänglich zu machen, empfiehlt sich jedoch grundsätzlich die Form des hypothetischen Imperativs oder der bedingten Empfehlung (Vanberg, 2000). Solche bedingten Empfehlungen folgen der Logik explizit vorgetragener Wenn-dann-Beziehungen: „Wenn das Ziel darin besteht, den CO_2-Ausstoß in Europa möglichst weitgehend zu reduzieren, und wenn dazu eine Summe von bis zu 20 Milliarden Euro jährlich eingesetzt werden kann, aber keine weiteren Nebenbedingungen beachtet werden müssen, dann empfiehlt sich folgende Politikmaßnahme: ..." Es ist unmittelbar einleuchtend, dass sich mithilfe solcher Konstruktionen Missverständnisse vermeiden lassen, die nicht auf unterschiedlichen wissenschaftlichen Erkenntnissen, sondern auf abweichenden normativen Annahmen oder Setzungen beruhen.

Im Fall der Ökonomen, deren normative Setzungen sich auf die Wertschätzungen der betroffenen Menschen zurückführen lassen müssen, bedeutet dies: Ohne Rückgriff auf die Wertschätzung von Menschen können Ökonomen keinerlei Empfehlungen aussprechen. Ökonomen maximieren daher den Nutzen der Menschen und versuchen dabei effizient, also verschwendungsfrei vorzugehen. Effizienz meint in letzter Konsequenz regelmäßig, dass der Nutzen einer Person oder Gruppe so weit wie möglich gesteigert werden soll, also keine Ressourcen verschwendet werden sollen, die noch zur Nutzensteigerung hätten beitragen können.

Folgerichtig errechnen die Erstsemesterstudierenden die Maximierung numerischer Nutzenwerte unter der Annahme unterschiedlicher denkbarer Nutzenfunktionen. Anschließend aggregieren sie diese hypothetischen individuellen Nutzenfunktionen unter der Annahme unterschiedlicher sozialer Wohlfahrtsfunktionen. Das heißt, sie verrechnen die ausgedachten individuellen Nutzenveränderungen unter den je nach Gerechtigkeitstheorie oder Philosophie angemessenen verschiedenen Annahmen bezüglich der gesellschaftlichen Erwünschtheit der unterschiedlichen individuellen Nutzenveränderungen. Das Studium der Volkswirtschaftslehre (VWL) erreicht durch diese Fingerübungen schon sehr bald ein Abstraktionsniveau, welches vielen Studienanfängern die Begeisterung am Fach nimmt.

Tatsächlich sind diese Maximierungsaufgaben eher ein mathematisches Aufnahmeritual als ein weiterführender Einstieg in die ökonomische Thematik. Denn während die Studierenden noch die Rechenkünste zur Bewältigung der Optimierungsaufgaben erlernen und trainieren, teilt man ihnen zugleich am Rande mit, dass die zentralen Bedingungen zur Anwendung dieser Vorgehensweise in realen Fragen der Gesellschaft nicht nur vorläufig nicht erfüllt sind, sondern aus erkenntnislogischen Gründen auch in Zukunft nicht erfüllt sein werden. Es existieren keine empirischen kardinalen Werte für den abstrakten Nutzenbegriff, den Jeremy Bentham (1907) als Überbegriff für das Prinzip geprägt hat, Alternativen nach ihrer Eignung zu beurteilen, das Glück derjenigen zu mehren, um die es in der jeweiligen Betrachtung geht: „Mit ‚Nutzen' ist diejenige Eigenschaft an einem Objekt gemeint, wodurch es dazu neigt, Wohlergehen, Vorteil, Freude, Gutes oder Glück zu schaffen." Ohne die Verfügbarkeit kardinaler Werte existiert aber auch keine Möglichkeit, gehaltvolle mathematische Operationen vorzunehmen.

Schon die Herausbildung typischer individueller Nutzenfunktionen ist vor diesem Hintergrund nicht mehr als eine metaphysische Abstraktion. Aggregationen der individuellen Nutzen zu gesellschaftlichen Wohlfahrtsfunktionen verbieten sich darüber hinaus vollkommen. Erstens ganz simpel schon deshalb, weil mangels kardinaler Nutzenwerte rein technisch auch keine interpersonelle Vergleichbarkeit der Nutzen zwischen verschiedenen Menschen gegeben ist. Zweitens aber auch deshalb, weil es der Philosophie auch nach jahrtausendelangen Bemühungen nicht gelungen ist, eine allgemein anerkannte Gerechtigkeitstheorie zu erdenken. Erst diese würde aber eine unumstrittene Verrechenbarkeit der unterschiedlichen Nutzenveränderungen aus gesellschaftlicher Perspektive ermöglichen. Diese Verrechenbarkeit würde immerhin eine Definition erfordern, wessen Nutzensteigerungen oder Nutzenminderungen mit welchem Gewicht in die aggregierte soziale Wohlfahrtsfunktion eingehen sollen. Da Ökonomen – in völliger Übereinstimmung mit der Vorstellung anderer Sozialwissenschaftler von der Gleichwertigkeit der Menschen – nicht an die Autorität und Legitimität einer irgendwie göttlich oder natürlich bestimmten, objektiv feststellbaren Hierarchie zwischen den Menschen glauben, kann auch keine der unzähligen individuellen Nutzen- und Wertvorstellungen einer anderen systematisch überlegen sein.

Es genügt also nicht zur Ausrichtung der Wirtschaftswissenschaft, eine bestimmte Nutzenvorstellung effizient zu verfolgen, denn eine bestimmte hypothetische Nutzenvorstellung hat keinerlei praktische Bedeutung. Die Ökonomen scheinen sich durch die Wahl der Nutzensteigerung als übergeordnetes Ziel in eine schwierige Lage gebracht zu haben. Man kann als Wissenschaftler auf dieses Dilemma grundsätzlich in drei Weisen reagieren. Entweder man erklärt das Unterfangen der Ökonomik für gescheitert. Oder man versucht sein Bestes, um dem Ziel des vollständigen Verständnisses von individuellem Glück und sozialer Wohlfahrt wenigstens näher zu kommen. Oder man wendet sich abstrakteren Fragen zu und sucht lediglich nach hilfreichen Rahmenbedingungen für die letztlich weiterhin eigenverantwortlich ihr Glück suchenden Menschen.

Die erste Option, die Aufgabe der Ökonomik und die Hinwendung zu anderen Wissenschaften, erscheint naheliegend, wenn man sein Selbstverständnis als Wissenschaftler durch die Suche nach vollständigen Erklärungen und der Möglichkeit zur sicheren Vorhersage von Ereignissen definiert. In dieser Perspektive erscheint das Aufstellen von algebraischen Hypothesen unsinnig und perspektivlos, wenn man nicht daran glaubt, die Parameter irgendwann auch mit empirischen Werten bestimmen zu können.

Die zweite Option ist die einer optimistischen Sisyphusarbeit: Man hofft auf den Durchbruch der Wissenschaft in ferner Zukunft und versucht sich so lange schon mal an der empirischen Bestimmung einiger der vielen Parameter. Mithilfe der Psychologie oder der Statistik lassen sich in der Tat immer bessere Werte für einige der relevanten Parameter bestimmen. Die immense Fülle von Daten, die in den letzten Jahren gesammelt wurden, und die unerschöpfliche Menge an Daten, die in naher Zukunft gesammelt werden können, lassen gemeinsam mit den Fortschritten der Computerindustrie und der künstlichen Intelligenz auch die Verarbeitung unvorstellbarer Datenmengen in den Bereich des Denkbaren rücken.

Die dritte Option ist die Akzeptanz der Herausforderung, die sich aus unüberschaubar vielfältigen Vorstellungen der Menschen von ihrem jeweiligen persönlichen Lebensglück und der Komplexität unterschiedlichster Moral- und Gerechtigkeitsvorstellungen ergibt. Es ist keineswegs eindeutig, dass die Überforderung der Ökonomen angesichts ihrer Schwierigkeiten, zu vollständigen Erklärungen und exakten Vorhersagen zu gelangen, als mangelhaft verstanden werden muss. Diese Perspektive entspricht dem Wissenschaftsanspruch der Naturwissenschaften. Aus einer geisteswissenschaftlichen Warte heraus erscheint vielmehr umgekehrt der Versuch verwunderlich und das Scheitern programmiert: Die Unbestimmtheit oder jedenfalls Unbestimmbarkeit macht die Freiheit der Menschen aus und garantiert sie in einem bestimmten Maße auch. Die vollständige Determiniertheit, die sich in der Berechenbarkeit der individuellen Nutzenfunktionen und erst recht in der Verrechenbarkeit der individuellen Wohlbefinden zu einem Aggregat manifestieren würde, wäre das Ende der Freiheit. Es ist mithin beinahe frevelhaft, an der Vorstellung der vollständigen Erklärbarkeit menschlicher Handlungs- und Entscheidungsweisen festzuhalten.

Es entspricht hingegen viel eher den freiheitlichen Idealen, wenn man die Unabsehbarkeit menschlicher Handlungen und Entscheidungen und damit auch die mangelnde letztgültige Erklärbarkeit menschlicher Beweggründe unumwunden akzeptiert. Dabei erweist sich eine solche demutsvolle Herangehensweise keinesfalls als weniger brauchbar, wenn es um die Erarbeitung relevanter Vorschläge geht. Im Gegenteil. Denn die bruchstückhafte Vervollständigung unseres Wissens über das Glück von Menschen und Gesellschaften um einzelne Parameter ist in vielen Fällen nur von äußerst begrenztem Nutzwert. Solange die Entscheidungen und Handlungen nur unter anderem von den genauer beleuchteten Parametern abhängen und daneben eine Vielzahl noch völlig unbekannter Parameter existiert, ergibt sich in den meisten

Fällen kein klares Bild, vor dessen Hintergrund sich etwas ableiten ließe. Die nähere Beleuchtung einzelner Parameter erhellt dann nur ausschnittsweise die Erklärung unter der einschränkenden Ceteris-paribus-Annahme im Labor oder in der Formel.

Solche partiellen Betrachtungsweisen der Änderung nur eines Parameters in nur einem Zusammenhang sind Wirtschaftswissenschaftlern mehr als geläufig. Für reale Fragen des gesellschaftlichen Zusammenlebens handelt es sich dabei allerdings in den vielen Fällen, in denen wir es mit einer hohen Dynamik oder mit Interdependenzen zu tun haben, um eine Einschränkung, welche die unmittelbare Brauchbarkeit der gesamten Erkenntnis infrage stellt. Denn wenn sich viele Parameter ständig ändern, ist die Analyse unter der Annahme der Unveränderlichkeit derselben irreführend. Das Gleiche gilt, wenn Veränderungen einiger Parameter aufgrund einer Reaktionsverbundenheit mit anderen Parametern ihrerseits zu Veränderungen führen, isolierte Parameteränderungen also systematisch eher die Ausnahme sind.

Das bedeutet nicht, dass die Isolation und die sorgsame Sezierung solcher Einzelheiten nicht von wissenschaftlichem Interesse wären und unser Verständnis irgendwann in höhere Sphären heben könnten. Solange unser Verständnis begrenzt ist, ermöglicht allerdings die Orientierung des Forschungsprogramms an eben dieser Begrenztheit eine Hinwendung zu Fragen anderer Art. Das wissenschaftliche Erkenntnisinteresse liegt dabei nicht auf der Vorhersehbarkeit und der Bestimmung der Handlungen und Entscheidungen der Bürger. Der Ökonom arbeitet in diesem Forschungsprogramm weder an der besseren Vorhersagbarkeit noch an der genaueren Erklärung einzelner konkreter Entscheidungen und Verhaltensweisen bestimmter Menschen. Er begibt sich vielmehr auf die Suche nach einer Gesellschafts- und Wirtschaftsordnung, die den einzelnen Menschen die größtmögliche Chance einräumt, ihren persönlichen Zielen und Präferenzen zu folgen.

5.2 Die friedliche Koordination unterschiedlicher Lebensentwürfe liegt im gemeinsamen Interesse

In dieser Forschungslinie der Ökonomik trägt man der Unbestimmbarkeit der menschlichen Entscheidungen und Handlungen Rechnung, indem man in den erkennbaren Mustern und Strukturen menschlicher Verhaltensweisen nach Koordinationsmöglichkeiten sucht, die die jeweiligen Bestrebungen der einzelnen Bürger miteinander verträglich machen. In Anlehnung an das in Kapitel 2 bereits erwähnte Paretokriterium kann gefolgert werden, dass aus ökonomischer Warte jede Vergrößerung des Möglichkeitenraums für ein einzelnes Gesellschaftsmitglied jedenfalls so lange auch für die Gesellschaft wohlstandserhöhend ist, wie die größere Freiheit dieses einzelnen Bürgers nicht durch Freiheitseinschränkungen anderer erkauft werden muss.

Gesucht wird also eine Ordnung, die „als Ganzes nicht an irgendwelchen konkreten Zielen orientiert ist, sondern lediglich jedem zufällig herausgegriffenen Individuum die beste Chance bietet, seine Kenntnisse erfolgreich für seine persönlichen Zwecke zu nutzen“ (Hayek, 2002, 72). Es ist dies dieselbe Idee, die John Stuart Mill als Definition der Freiheit verwendet: „Die einzige Unabhängigkeit, die diesen Namen verdient, ist die Möglichkeit, unser eigenes Wohl auf unsere eigene Weise zu erreichen, solange wir nicht versuchen, andere ihres Gutes zu berauben oder dessen Erwerb zu vereiteln“ (Mill, 1988, 20 f.). Dies entspricht einer offenen Gesellschaft, einer liberalen Demokratie, einer Rechtsstaatlichkeit der Nomokratie, die dem Bürger unter dem Gesetz alle Freiheiten belässt und lediglich die Belange zu regeln trachtet, die zur Konfliktvermeidung erforderlich und zur Koordination der einzelnen Lebenspläne zuträglich erscheinen. Der große Wert einer solchen pluralistischen Ordnung liegt darin, dass sie darauf ausgerichtet ist, einer wesentlich größeren und heterogeneren Gruppe von Menschen ein friedliches und freiheitliches Zusammenleben und Wirtschaften zu ermöglichen als nur denjenigen, die über weitestgehend gemeinsame Zielhierarchien und Wertvorstellungen verfügen.

Der Wettbewerb ist ein solches Ordnungssystem zur Koordination der einzelnen Akteure. Er ist ein Verfahren, um die Akteure bei der Verfolgung ihrer eigenen Interessen und Lebenspläne effizient in den Dienst der anderen zu stellen. Der persönliche wirtschaftliche Erfolg der Wettbewerber hängt maßgeblich von ihrem Geschick ab, zur Nutzensteigerung anderer beizutragen. Dabei gibt der Wettbewerb nicht nur jedem Akteur die Freiheit, innerhalb der bestehenden Regeln seiner eigenen Strategie und Idee zu folgen, er respektiert auch die Freiheit jedes Akteurs, innerhalb der bestehenden Regeln die Waren und Dienstleistungen nachzufragen, die er oder sie für nutzensteigernd hält.

6 Der „Wettbewerb als Entdeckungsverfahren“ begegnet dem Problem der konstitutionellen Unwissenheit

Die soziale Interaktion von Millionen Menschen, die ihren jeweils eigenen Vorstellungen von einem guten oder glücklichen Leben folgen, ist wohl ohne jeden Zweifel ein komplexes System. Komplexe Phänomene konfrontieren nicht nur die handelnden Akteure, sondern auch die Wissenschaftler, die sich mit der Analyse der Systeme befassen, mit dem Problem der „konstitutionellen Unwissenheit“ (Hayek, 2007c, 101): Akteure wie Forscher müssen erkennen, dass ihre Unwissenheit bezüglich konkreter Umstände unabänderlich ist, und müssen entsprechende Strategien entwickeln, mit dieser Unsicherheit umzugehen.

Die unabänderliche Unwissenheit in komplexen Systemen liegt letztlich an der begrenzten Kapazität der Menschen zur Informationssuche, Informationsaufnahme und Informationsverarbeitung. Es handelt sich um ein typisches Knappheitsproblem, dem rationale Nutzenmaximierer mit „rationaler Ignoranz“ (Downs, 1957) begegnen: Aufgrund der wie überall abnehmenden Grenznutzen lohnt sich ab einem bestimmten Punkt auch die weitere Investition von knappen Ressourcen in die Wissensgewinnung nicht mehr. Vollständige Information ist unter realen Umständen nicht erreichbar. Da der Einzelne im Vorhinein zudem nicht wissen kann, wann die optimale Investitionshöhe in Wissen erreicht ist, arbeiten viele Ökonomen mit der Vorstellung begrenzt rationaler Individuen (Simon, 1959). Diese richten ihre Suche nicht an einem für sie nicht erfassbaren theoretischen Grad der Informiertheit aus, sondern am Erreichen einer bestimmten subjektiven Zufriedenheit.

Eine solche Strategie verlangt, dass ein Individuum sich eine Vorstellung von dem bildet, was es zu erreichen hofft. Es definiert sozusagen im Vorhinein Kriterien, bei deren Erfüllung es die Suche als zufriedenstellend empfinden und beenden wird. Zugleich muss bestimmt werden, wie viele Ressourcen in die Suche maximal investiert werden sollen, bevor das Anspruchsniveau aufgrund der bisher enttäuschten Erwartungen gesenkt wird. Psychologische Ansätze beschreiben in erster Linie heuristische Vorgehensweisen bei der Meinungsbildung, das heißt die Verwendung bewährter und ressourcenschonender Abkürzungen der Informationsgewinnung. Diese sind jedoch natürlicherweise fehleranfällig (vgl. unter anderem Tversky/Kahneman, 1979; Gigerenzer, 2008).

Dass und in welchem Maße die Individuen in der tatsächlichen Welt ständig unter Unsicherheit handeln und entscheiden, liegt natürlich gleichzeitig daran, dass und wie sehr sich diese reale Welt permanent im Wandel befindet. Es bleibt den Menschen entsprechend nichts anderes übrig, als Erwartungen über die sich wandelnden Umweltbedingungen (parametrische Unsicherheit) zu bilden. Da sich ein guter Teil dieser Umweltbedingungen, nämlich sämtliches Verhalten und Entscheiden der Mitmenschen, unter anderem auch in Reaktion auf die veränderten Entscheidungen und Handlungen anderer, verändert und Menschen zugleich versuchen, die Erwartungen der anderen sowie deren Reaktionen vorherzusehen, verschärft sich das Problem aufgrund der hinzutretenden strategischen Unsicherheit – soziale Interaktionen sind komplexe Phänomene. Vor diesem Hintergrund gewinnen Institutionen eine ungeheure Bedeutung.

6.1 Institutionen stabilisieren Erwartungen und reduzieren Unsicherheit

Soziale Institutionen, gesellschaftliche Normen, religiöse Regeln, kulturelle Sitten und Gebräuche, aber natürlich auch durch den Gesetzgeber erlassene Gesetze, Gebote und Verbote oder erlernte Entscheidungsheuristiken helfen den Menschen dabei, in ihrer Erwartungsbildung brauchbare Resultate zu erzielen. Denn solche Institutionen erleichtern es als einigende Konventionen, die Verhaltensweisen zu kanalisieren und zu kategorisieren und so die letztlich in der Vielzahl individueller Entscheidungen und Handlungen erkennbaren wiederkehrenden Muster und Strukturen auch zu stabilisieren. Erst die Herausbildung von Institutionen ermöglicht es daher den Menschen, als freie und doch soziale Wesen zusammen zu leben und zu arbeiten.

Ein im ökonomischen Kontext überaus wichtiges Institutionengeflecht ist der Marktprozess. Gemeint ist hier nicht allein der in Kapitel 2 angesprochene Gedanke, dass es der friedliche Besitzwechsel von Waren und Dienstleistungen durch einen Markttausch ermöglicht, sich auf Produktion und Handel zu konzentrieren statt auf Verteidigungsbereitschaft und Angriffsfähigkeit. Im Fokus steht hier auch nicht die Unmenge von Gesetzen, Regeln, Codes und Normen, die allen Marktteilnehmern bekannt sind und als Verständigungsgrundlage des täglichen Wirtschaftens dienen. Die Betonung soll hier auf der Informationsverarbeitungskapazität des Preissystems liegen: In Bezug auf die unabänderliche Unwissenheit liegt der Vorteil des Marktsystems vor allem darin, dass die zur Steuerung der Wirtschaftsaktivitäten notwendigen Informationen über Bedürfnisse, Knappheiten und Möglichkeiten durch ein System freier Preise bereitgestellt werden, welches zugleich als simpler Anreizmechanismus dient. In diesem System kommt es trotz der dezentralen eigennutzorientierten Entscheidungen der einzelnen Akteure zur Schaffung eines beachtlichen materiellen Wohlstands der Gesellschaft – wie durch eine unsichtbare Hand gelenkt (Smith, 2005, 467).

Schon Adam Smith war bewusst, dass es sich bei diesen Phänomenen nicht um mystische Vorgänge handelt, sondern um das Ergebnis einer dem Problem angemessenen Wissensverarbeitung. Denn, so führt Smith unmittelbar nach dem berühmten Bild von der unsichtbaren Hand weiter aus, für die Gesellschaft sei es häufig besser, der Einzelne verfolge seinen Eigennutz, als dass er sich vornähme, das Gemeinwohl zu fördern: „Ich habe nie gehört, dass diejenigen viel Gutes bewirkt hätten, die vorgaben, im Interesse des allgemeinen Besten zu handeln“ (Smith, 2005, 467).

Smith zielt in dieser Passage weniger auf die womöglich unehrliche Natur derer, die sich selbst als Interessenvertreter des Gemeinwohls zu legitimieren versuchen, als auf deren systematische Überforderung. Jeder Einzelne an seinem Platz könne viel besser beurteilen, was lohnende Investitionen seien und wo die jeweils zur Verfügung stehenden knappen Ressourcen die höchste Wertschöpfung erbringen könnten, als ein Staatsmann oder Gesetzgeber das für ihn tun könne. Und es sei umgekehrt nichts gefährlicher, als die Verantwortung für die Entscheidungen jemandem zu überlassen, „der töricht und vermessen genug wäre, sie sich zuzutrauen“ (Smith, 2005, 467).

Es ist also nicht irgendeine Art von Tauschbörse oder Basar, was mit „Markt“ bezeichnet wird. Nicht umsonst spricht man vom „freien Markt“. Gemeint ist damit nicht ein ungezügelter und grenzenloser Markt, dessen Teilnehmer an keine anderen Normen, Sitten und Gesetze gebunden wären und lediglich ihr Eigeninteresse verfolgten (vgl. Kapitel 4). Gemeint ist aber sehr wohl ein Markt, der die Kräfte der einzelnen Marktteilnehmer entfesselt, indem er ihnen die Möglichkeit einräumt, auf eigenes

Risiko ihren jeweils eigenen Vorstellungen und Ideen zu folgen. Zugleich bietet er diesen „freien Kräften" die Chance großen wirtschaftlichen Erfolgs, um sie zur Höchstleistung anzuspornen.

In freien Preisen spiegelt sich die Wertschätzung der Nachfrager, unabhängig von den Gründen, die zu der Wertschätzung führen. Sie sind das auf das Wesentliche reduzierte Destillat aller als solche akzeptierten individuellen Wertschätzungen. Freie Märkte ermöglichen keineswegs die leichte Vorhersehbarkeit des wirtschaftlichen Erfolgs einzelner Produkte oder Geschäftsideen. Aber sie ermöglichen eine abstraktere Erwartungsbildung der einzelnen Wirtschaftsakteure – etwa dass derjenige, der nicht ausreichend Rohstoffe oder Vorprodukte zur Umsetzung seiner Pläne erhält, seine Chancen vergrößert, wenn er höhere Ankaufspreise bietet. Umgekehrt kann derjenige seine Absatzchancen erhöhen, der sich mit geringeren Verkaufspreisen zufriedengibt. In der Folge dieser Preissignale ist es sinnvoll, darüber nachzudenken, ob die Produktion oder Produktionsweise in der bisherigen Form noch lohnend ist, wenn sich die Bedingungen auf den Vorprodukte- und Faktormärkten oder auf den Absatzmärkten verändert haben. Hinzu kommt, dass derjenige, der Produkte oder Dienstleistungen bieten kann, die anderen Menschen attraktiv erscheinen, auch mit deren Nachfrage rechnen kann, ohne dass erklärbar sein muss, worin die Attraktivität des Angebots besteht.

6.2 Der Wettbewerb dient als Entdeckungsverfahren

Zugleich werden in diesem System ständig die Erwartungen von unzähligen Wirtschaftsakteuren enttäuscht. Der Prozess schöpferischer Zerstörung (Schumpeter, 2005) ermöglicht Entwicklung und Fortschritt, nicht ohne an anderer Stelle den Niedergang vormals erfolgversprechender Unternehmungen in Kauf zu nehmen. Investitionen stellen sich als fehlgeleitet heraus, Forschung an bestimmten Verfahren und Produkten als nutzlos, attraktiv geglaubte Angebote als Ladenhüter.

In der freien Marktwirtschaft mit ihren dezentralen Erwartungsbildungen und Entscheidungen sind diese Enttäuschungen jedoch verkraftbar. Glücklicherweise haben die Menschen unterschiedliche Ideen, Visionen und Erwartungen über die zukünftige wirtschaftliche Entwicklung. In einer freien Wirtschaftsordnung können sie diese unterschiedlichen Erwartungen in unterschiedliche Versuche umsetzen, im Wettbewerb die Nase vorn zu haben. Während sich also einige Investitionen als unerwartet wertlos herausstellen, übertreffen andere die Erwartungen bei weitem. Der „Wettbewerb als Entdeckungsverfahren" (Hayek, 2003) verhilft nicht nur zur Auffindung neuer Produktionsverfahren und neuer Produkte zur Befriedigung der Wünsche und Bedürfnisse der Konsumenten. Er ermöglicht es erst, die Wünsche, Vorstellungen und Ideen der Konsumenten aufzudecken und die vielgestaltigen Ideen, Konzepte und Fähigkeiten der Produzenten aufzuzeigen. Er offenbart Informationen, die auf andere Art nicht nur nicht aufgefunden, sondern auch gar nicht gesucht worden wären. Der eigentliche Reiz am Wettbewerb ist, dass er unvorhersehbare Ergebnisse ermöglicht.

Keine Zentralverwaltungswirtschaft kann mit Verrechnungspreisen und ähnlichen Imitationen der Elemente eines freien Tauschgeschäfts auch nur ähnliche Ergebnisse erzielen wie das dezentrale System des Marktes, auf dem ausschließlich die handelnden Anbieter und Nachfrager selbst die Preise bestimmen. „Verrechnungspreise" sind eben keine freien Preise. Verrechnungspreise sind nicht in der Lage, die vielfältigen Bedürfnisse, Wünsche, Ideen, Erwartungen und Informationen abzubilden, welche die zahlreichen Akteure an freien Märkten antreiben. Verrechnungspreise sind vielmehr Ausfluss der illusorischen Anmaßung von Wissen (Hayek, 2007b), das „richtige" Endergebnis von Märkten bereits vorher festlegen zu können.

Verrechnungspreise sind aus den für eine Planungselite nachvollziehbaren und häufig auch gemäß ihren übergeordneten Plänen gewichteten Maßstäben abgeleitet. Eine solche Vorgehensweise unterstellt, dass die zuständigen Planungseliten wissen, was richtig und wertvoll ist, sie also beurteilen können, welche Gründe und Bedürfnisse respektable Motive sind. Zudem müssten sie demnach in ihren Forschungslaboren mit ähnlichem Erfolg auf völlig neuartige Ideen kommen wie die unzähligen Spinner, Träumer und Bastler in einer freien Marktwirtschaft. Der Hauptgrund für die Unterlegenheit der Zentralverwaltungswirtschaft liegt darin, dass sie niemals in vergleichbarer Weise das dezentrale Wissen der Akteure nutzen und die unabsehbare Kreativität der Einzelnen freisetzen kann.

Nur im freien Markt erfolgt eine ständige Neuausrichtung des Wirtschaftssystems auf die sich ändernden Rahmenbedingungen. Ganz im Gegensatz zum ökonomischen Modell der ersten VWL-Studiensemester („Modell vollständigen Wettbewerbs") verfügen in realen Wettbewerbsmärkten weder die Teilnehmer noch die Wirtschaftswissenschaftler in den Forschungsinstituten und Universitäten über gleiche und vollständige Informationen. Deshalb können die Ergebnisse des Wettbewerbs in ihren spezifischen Ausprägungen auch von den besten Experten nicht sicher vorhergesehen werden, jedenfalls nicht in den spannenden Zeiten größerer struktureller Veränderungen.

6.3 Das Wissen um evolutorische Prozesse befähigt nicht zum Urteil über einzelne Institutionen

Der hohe Wert von Institutionen im Allgemeinen wird von Ökonomen heute kaum mehr bezweifelt. Die Vorteilhaftigkeit und Leistungsfähigkeit des Marktes als besonderes Institutionengeflecht wird – trotz aller wohlfeilen Systemkritik und trotz aller berechtigten Skepsis gegenüber einzelnen Details der Marktordnungen – von Ökonomen ebenfalls nicht ernsthaft bezweifelt.

Die konstitutionelle Unwissenheit muss jedoch auch im wissenschaftlichen Prozess als beherrschendes und allgegenwärtiges Phänomen beachtet werden. Es ist ein gefährliches Missverständnis zu glauben, Wissenschaftler könnten beurteilen, welche

Institutionen und Heuristiken wertvoll und bewahrungswürdig seien und welche der gestalterischen Überarbeitung bedürften. Die Wahrnehmung von Problemen befähigt nicht automatisch auch zu deren Beherrschung.

Auch das Bewusstsein um die Relevanz erwartungsstabilisierender und verhaltenskoordinierender Regeln und Heuristiken führt logisch nicht dazu, dass es Wissenschaftlern anzuraten wäre, für möglichst gleichartige Erwartungen und eine hohe Stabilität der Institutionen zu sorgen, indem sie diese künstlich konstruierten und ihre künstlich erzeugten Institutionen durchzusetzen versuchten. Auch wenn nachvollziehbar erscheint, dass die heute existierenden Institutionen grundsätzlich kulturell-evolutionär geprägt und damit zeitverhaftet sind, bedeutet dies nicht, dass Wissenschaftler einzelne Institutionen hinreichend durchdringen, um entscheiden zu können, wie sie zu verbessern wären, um modernen Zielen zu dienen.

Es ist eine plausible Hypothese zu unterstellen, dass Institutionen zu den Zeiten ihrer Herausbildung und Bewährung bestimmte Zusammenhänge und Problemlagen berücksichtigten, die heute nicht mehr in jedem Fall vorherrschen müssen. Es ist jedoch ein sehr gewagter und keinesfalls logisch naheliegender Schritt, daraus zu folgern, Wissenschaftler könnten heute die Entstehung und Entwicklung der Institutionen hinreichend genau rekonstruieren, um zu wissen oder wenigstens zu erahnen, wie die Institutionengeflechte heute aussehen würden, wenn von diesen bestimmten Problemlagen und Zusammenhängen abstrahiert würde, die wir heute für irrelevant halten.

Auch wenn man heute viele Regeln aus dem historischen Entstehungskontext heraus zu verstehen glaubt, ist es doch ein logischer Kurzschluss, von der Relativierung der Normen auf deren freie Formbarkeit zu schließen (Hayek, 2007a, 207). Dazu wären nicht nur Ideen von bestimmten einzelnen Impulsen der Herausbildung spezifischer Institutionen notwendig, sondern das Wissen um alle Einflussfaktoren und ihre jeweilige Relevanz. Zudem bedürfte es nicht nur der Rekonstruktion der Institution zum Entstehungszeitpunkt, sondern des Nachvollziehens ihrer Wirkung auf andere Bereiche des sozialen Lebens und ihrer Wechselwirkungen mit anderen Institutionen seit ihrer Entstehung. Nicht das gesamte in den überlieferten Regeln gebundene Wissen liegt explizit, das heißt ex post rekonstruierbar, vor.

Zwar gibt es heute sicher keine entwickelten Großgesellschaften, die zur Regelung ihrer komplizierten Beziehungsgeflechte auf die bewusste und geplante Regelung der sozialen Prozesse verzichten könnten. Aber es erscheint durchaus angeraten, bei der Konstruktion von neuen Institutionen äußerst behutsam vorzugehen, bestehende Institutionen aufzugreifen und wenn möglich nur ergänzende neue Regelungen zu treffen sowie dann deren Zusammenspiel mit gewachsenen und bewährten Institutionen sorgfältig zu beachten. Es ist dieser Vorsichtsgedanke Karl R. Poppers, der mit dem Begriff „Piecemeal Social Engineering“ höchst umstritten in die Literatur eingegangen ist.

Für eingefleischte Anhänger Hayeks ist allein schon der Begriff des „Social Engineering“ ein konstruktivistisches Reizwort. Der „soziale Planer“ ist der Inbegriff der Anmaßung von Wissen und ein „sozialer Ingenieur“ scheint nicht weit von ihm entfernt. Popper kontrastiert den Begriff des „Piecemeal Engineering“ jedoch mit dem Begriff des holistischen oder utopischen „Social Engineering“, mit dem er den Versuch beschreibt, die ganze Gesellschaft in einem Schwung neu zu modellieren (Popper, 1961, 64 ff.). Dabei betont er, dass die utopischen Sozialingenieure dazu gezwungen seien, ihre Konstruktionen ohne jede Rücksicht durchzusetzen, und Argumente durch Gewalt ersetzten, um zu ihrem Ziel der Neukonstruktion der Gesellschaft zu gelangen. Das „Piecemeal Engineering“ hingegen erlaube Widerspruch, sei anschlussfähig für demokratische Verfahren, bediene sich der Argumentation und sei offen für Kompromisse (Popper, 1966, 159 ff.).

Wenn man daher bewährte, aber nicht einsichtige Regeln bei der Schaffung einer künstlichen Ordnung verwirft, besteht eine große Gefahr, dass wertvolle Funktionen dieser Regeln übersehen werden und erfolgreich bewährtes Wissen verloren geht (vgl. ähnlich auch Pies, 2003, 10 ff.). Da der konstitutionelle Wissensmangel also auch die Erkenntnisfähigkeit der Wissenschaftler einschränkt, erscheint es der Komplexität sozialer Interaktionen in Großgesellschaften vielmehr angemessen, nicht nur bei der Bestimmung spezifischer Ergebnisse innerhalb des institutionellen Settings auf den „Wettbewerb als Entdeckungsverfahren“ zu setzen, sondern auch bei der Herausbildung des institutionellen Regelrahmens selbst.

Institutionen, die sich spontan als Ergebnis einer kulturellen Evolution herausbilden und sich unter der Voraussetzung ihrer Bewährung verfestigen, berücksichtigen tendenziell mehr die Auswirkungen von Regeln und Regeländerungen innerhalb eines vieldimensionalen, interdependenten Prozesses, als es künstlich konstruierte Regeln können. Zugleich erlauben sie nicht nur die Berücksichtigung von Informationen, Erwartungen und Präferenzen der Akteure, welche diesen selbst nur zum Teil bewusst sind, sondern auch die Entdeckung völlig unbekannter und bislang unerprobter neuer Alternativen, die durch Irrtum und Zufall ins Spiel kommen und sich dennoch im Selektionsprozess der Strategien und Institutionen als erfolgreich herausstellen können.

Unter der maßgeblichen Prämisse, dass es Ziel der Gesellschafts- und Wirtschaftsordnung sein soll, dem Einzelnen die Verfolgung seiner ihm eigenen Lebens- und Wirtschaftspläne zu ermöglichen, kann eine bewusste Planung der Gesellschaftsordnung aus einem Guss niemals angemessen sein. Im Rahmen einer spontanen, kosmischen Ordnung können immer nur einzelne, kleine Schritte einer Regeländerung entworfen werden, die als Vorschlag in den evolutionären Prozess der Regelwahl eingebracht werden und sich der Bewährungsprobe im Wettbewerb stellen müssen.

7 Zusammenfassung

Ungeachtet der innerhalb der Ökonomik stets lebhaft diskutierten Frage, inwieweit normative Wertsetzungen mit wissenschaftlichen Ansprüchen vereinbar sind, bleibt festzustellen, dass Freiheit und Freiwilligkeit unabdingbare Voraussetzungen der ökonomischen Logik sind. Es wurde in diesem Beitrag versucht, der so sinnstiftenden und leitenden Idee der Freiheit aus unterschiedlichen ökonomischen Perspektiven näher zu kommen, um dabei letztlich einen reichhaltigen Strauß von Argumenten zu präsentieren, die allesamt für die unverhohlene Verwendung eines Freiheitsbegriffs werben.

Ökonomen befassen sich vorzugsweise mit Märkten und marktlichen Transaktionen. Märkte kennzeichnen dabei sowohl Orte des freiwilligen Tauschs im regionalen Beziehungsgefüge als auch Regelsysteme im Sinne vereinbarter und kontrollierter Marktordnungen. Die häufig nicht grundlegend hinterfragte Vorteilhaftigkeit von Märkten offenbart sich dabei aber im Grunde nur unter der Annahme einer hinlänglichen individuellen Handlungsfreiheit der Marktteilnehmer. Ökonomen unterstellen mithin, dass es eine bedeutungsvolle Freiheit der Individuen gibt, oder wenigstens, dass die Motive des individuellen Verhaltens für die beobachteten Akteure bedeutungsvoll und nicht durch Dritte vollständig vorhersehbar oder gar manipulierbar sind.

Funktionierende Wettbewerbsmärkte wirken ihrerseits freiheitsschaffend und freiheitserhaltend, weil sie durch eine gute Versorgung der Marktteilnehmer mit benötigten Waren und Dienstleistungen einerseits fruchtbare Voraussetzungen zur Wahrnehmung von Freiheitsrechten schaffen und andererseits durch ein vielfältiges Angebot die Freiheit der Wahl garantieren. Durch Konkurrenzdruck tragen sie dafür Sorge, dass sich die Anbieter an den Konsumentenbedürfnissen orientieren.

Die Ausrichtung der Ökonomen auf Effizienz verschleiert den Blick und lenkt von der Frage nach der Ausrichtung des Wirtschaftens ab, gibt also gerade kein eigenes Ziel des Wirtschaftens vor. Der freie Wettbewerb ist ein System, in dem das Wirtschaften der einzelnen Akteure nicht einem bestimmten einheitlichen übergeordneten Ziel unterworfen wird, sondern der Verfolgung der pluralistischen Vorstellungen jedes Einzelnen dient. Ökonomen haben diese Ausrichtung nicht ideologisch motiviert gewählt, sondern weil es ihnen nicht möglich war, eine einheitliche Zielsetzung zu finden, mit der sich alle Individuen identifizieren könnten. Nur ein System, das jedem Einzelnen die bestmögliche Chance bietet, seine eigenen Vorstellungen zu verfolgen, ermöglicht es freien Menschen, friedlich zusammen zu leben und zu wirtschaften.

Der Wettbewerb als Entdeckungsverfahren ist ein unserer Unwissenheit angemessenes Verfahren zur Auffindung und Verarbeitung der wichtigen Informationen, Ideen und Vorstellungen, über die die Menschen in unserer Gesellschaft verfügen. Er funktioniert sowohl zur Entdeckung lohnender Geschäftsideen auf den Waren- und

Dienstleistungsmärkten als auch im Wettbewerb der Ideen und Systeme in Bezug auf die Gestaltung sozialer Institutionen. Die Voraussetzung für seine Funktionsfähigkeit ist, den Wettbewerb möglichst frei und mit ungewissem Ausgang laufen zu lassen. Den Teilnehmern im Wettbewerb möglichst große Freiheit zu lassen und damit demutsvoll auch die Unberechenbarkeit des komplexen Gesamtsystems zu akzeptieren, ist allerdings keine Schwäche unentschlossener Zauderer. Es ist vielmehr wissenschaftstheoretisch die adäquate Folge aus der Erkenntnis, dass übergeordnete Zwecksetzungen fehlen. Der freie Wettbewerb sowie die Unberechenbarkeit der wirtschaftlichen Entwicklung und die Offenheit der Gesellschaft sind damit Ausfluss der Anerkennung von Souveränität und Eigenverantwortlichkeit freier Bürger und Konsumenten.

Das Wichtigste in Kürze

- Freiheit ist ein zentraler Begriff der Wirtschaftswissenschaft. Liberale Ökonomen streben danach, die Chancen des Einzelnen zu vergrößern, seine persönlichen Ziele verfolgen zu können. Sie liefern demnach Vorschläge, die die Wahlfreiheit der Menschen maximieren.
- Diese Selbstwahrnehmung der Ökonomen steht im Widerspruch zu dem Zerrbild, das in politischen Debatten häufig auftaucht. Es stimmt nicht, dass wirtschaftspolitische Empfehlungen darauf zielen, Zwecke zu diktieren oder Menschen einzuengen. Das Zerrbild entsteht vermutlich durch die Beachtung sachlogischer Zwänge, die Ökonomen aufgrund ihrer Beschäftigung mit dem Problem der Knappheit begehrter Güter und Ressourcen einfordern: Unter Knappheit muss eine Wahl getroffen werden, man kann nicht alle Wünsche erfüllen.
- Die Lösung liberaler Ökonomen für das Knappheitsproblem ist – im Gegensatz zur Planwirtschaft – keineswegs bevormundend. Die Forscher setzen auf die gegenseitige Vorteilhaftigkeit freiwilligen Tauschs. Diese Methode ermöglicht nicht nur den friedlichen Besitzwechsel, sondern sorgt außerdem dafür, dass die knappen Ressourcen zu demjenigen gelangen, der dafür am meisten bereit ist, Ansprüche auf andere Dinge aufzugeben. Durch Tausch gibt es im ersten Schritt nicht mehr Güter, aber sie gelangen dorthin, wo sie am meisten Wertschätzung erfahren.
- Wenn sich der Einzelne zur Versorgung mit Gütern auf den Tausch über Märkte verlassen kann, bietet dies Möglichkeit und Anreiz dazu, sich auf ein eigenes Marktangebot zu spezialisieren. Die zunehmende Arbeitsteilung erhöht in einem zweiten Schritt die Effizienz und damit auch die tatsächliche Menge verfügbarer Güter.
- Wettbewerb dient der Begrenzung wirtschaftlicher Macht, da Konsumenten unter vielen Anbietern wählen können. Was produziert und konsumiert wird, bestimmen innerhalb des von der Politik gesteckten Rahmens die einzelnen Marktakteure in der Verfolgung ihrer eigenen Vorstellungen.
- Wettbewerb dient außerdem als Verfahren zur Entdeckung der Wünsche und Möglichkeiten der Marktteilnehmer. Er ist die Antwort der Ökonomen auf die Unmöglichkeit, ökonomische Ziele ohne Beobachtung der individuellen Entscheidungen wissenschaftlich objektiv festzulegen und in irgendeiner Art und Weise „richtige“ oder „gute“ Ergebnisse festzustellen.
- Um der Pluralität menschlicher Wünsche und Lebensentwürfe gerecht zu werden, muss nicht nur den Einzelnen größtmögliche Freiheit innerhalb eines wohlüberlegten allgemeinen Regelrahmens gewährt werden, sondern auch die Unberechenbarkeit eines freiheitlichen und offenen Systems insgesamt ausgehalten werden.

Literatur

Albert, Hans, 1980, Wertfreiheit als methodisches Prinzip, in: Topitsch, Ernst (Hrsg.), Logik der Sozialwissenschaften, Königstein (Taunus), S. 196–225

Bentham, Jeremy, 1907 [1789], Introduction to the Principles of Morals and Legislation, Oxford

Berlin, Isaiah, 1995, Zwei Freiheitsbegriffe, in: ders., Freiheit. Vier Versuche, Frankfurt am Main, S. 197–256

Brecht, Bertolt, 1928, Die Dreigroschenoper, Frankfurt am Main

Downs, Anthony, 1957, An Economic Theory of Democracy, New York

Erhard, Ludwig, 1988, Tagungsprotokoll der Aktionsgemeinschaft Soziale Marktwirtschaft von Bad Nauheim 1953, S. 119, zitiert nach Habermann, Gerd, Die Überwindung des Wohlfahrtstaates. Ludwig Erhards sozialpolitische Alternative, in: Grundtexte zur Sozialen Marktwirtschaft, Band 2, Stuttgart, S. 33–42

Gigerenzer, Gerd, 2008, Bauchentscheidungen. Die Intelligenz des Unbewussten und die Macht der Intuition, München

Hayek, Friedrich August von, 2002 [1966], Grundsätze einer liberalen Gesellschaftsordnung, in: Vanberg, Viktor (Hrsg.), F. A. von Hayek, Grundsätze einer liberalen Gesellschaftsordnung. Aufsätze zur Politischen Philosophie und Theorie, Band 5 der Gesammelten Schriften in deutscher Sprache, Tübingen, S. 69–87

Hayek, Friedrich August von, 2003 [1968], Der Wettbewerb als Entdeckungsverfahren, in: Streit, Manfred (Hrsg.), F. A. von Hayek, Rechtsordnung und Handelnsordnung. Aufsätze zur Ordnungsökonomik, Band 4 der Gesammelten Schriften in deutscher Sprache, Tübingen, S. 132–149

Hayek, Friedrich August von, 2007a [1961], Die Theorie komplexer Phänomene, in: Vanberg, Viktor (Hrsg.), F. A. von Hayek, Wirtschaftstheorie und Wissen. Aufsätze zur Erkenntnis- und Wissenschaftslehre, Band 1 der Gesammelten Schriften in deutscher Sprache, Tübingen, S. 188–212

Hayek, Friedrich August von, 2007b [1974], Die Anmaßung von Wissen, in: Vanberg, Viktor (Hrsg.), F. A. von Hayek, Wirtschaftstheorie und Wissen. Aufsätze zur Erkenntnis- und Wissenschaftslehre, Band 1 der Gesammelten Schriften in deutscher Sprache, Tübingen, S. 87–98

Hayek, Friedrich August von, 2007c [1978], Zur Bewältigung von Unwissenheit, in: Vanberg, Viktor (Hrsg.), F. A. von Hayek, Wirtschaftstheorie und Wissen. Aufsätze zur Erkenntnis- und Wissenschaftslehre, Band 1 der Gesammelten Schriften in deutscher Sprache, Tübingen, S. 99–108

Hirschman, Albert O., 1970, Exit, voice, and loyalty. Responses to decline in firms, organizations, and states, Cambridge (Mass.)

Mill, John Stuart, 1988 [1859], Über die Freiheit, Stuttgart

Pies, Ingo, 2003, Theoretische Grundlagen demokratischer Wirtschafts- und Gesellschaftspolitik. Der Beitrag F. A. von Hayeks, in: Pies, Ingo / Leschke, Martin (Hrsg.), F. A. von Hayeks konstitutioneller Liberalismus, Tübingen, S. 1–33

Popper, Karl R., 1961, The Poverty of Historicism, London

Popper, Karl R., 1966, The Open Society and Its Enemies, Princeton

Roth, Steffen J., 2014, VWL für Einsteiger, Stuttgart

Schumpeter, Joseph A., 2005, Kapitalismus, Sozialismus und Demokratie, Stuttgart

Simon, Herbert, 1959, Theories of decision making in economics and behavioural science, in: American Economic Review, 49. Jg., Nr. 3, S. 253–283

Smith, Adam, 2005 [1776], Untersuchung über Wesen und Ursachen des Reichtums der Völker, Tübingen

Suchanek, Andreas, 1997, Erfolgreiche Therapie ohne gute Diagnose? Zum Zusammenhang von normativer und positiver Analyse in der Ökonomik, in: Held, Martin (Hrsg.), Normative Grundfragen der Ökonomik. Folgen für die Theoriebildung, Frankfurt am Main, S. 189–212

Tversky, Amos / **Kahneman**, Daniel, 1979, Prospect Theory. An Analysis of Decision under Risk, in: Econometrica, 47. Jg., Nr. 2, S. 263–291

Vanberg, Viktor, 2000, Der konsensorientierte Ansatz der konstitutionellen Ökonomik, in: Leipold, Helmut / Pies, Ingo (Hrsg.), Ordnungstheorie und Ordnungspolitik. Konzeptionen und Entwicklungsperspektiven, Stuttgart

Wicksell, Knut, 1896, Finanztheoretische Untersuchungen. Nebst Darstellung und Kritik des Steuerwesens Schwedens, Jena

Anything goes!
Zur Geometrie des Möglichkeitsraumes

Beate Engl

„Art doesn't have a purpose. It's a free spot in society, where you can do anything."
(Chris Burden, Untitled Statement, 1975)

Die Kunst ist frei und unbegrenzt, alles ist vorstellbar? Wie definiert sich der scheinbar unendliche Möglichkeitsraum? Gibt es einen Maßstab für künstlerische Freiheit, eine Formel für künstlerisches Schaffen?

Möglichkeitsraum → ∞ = (Individuum × Zeit + Länge × Breite × Tiefe) × Kapital + Faktor X ?

Der künstlerische **Möglichkeitsraum** ist unendlich und begrenzt zugleich. Er wird definiert durch ein autonomes **Individuum**, den Künstler/die Künstlerin, und seine/ihre Aktion in einer unbestimmten **Zeit**. Dabei ist Zeit passiv und aktiv zu verstehen, lange Phasen des Nichtstuns und der Muße kulminieren in einer manchmal unvermittelten Handlung. Der Raum, in dem diese Arbeit stattfindet, kann zwei- oder dreidimensional sein. Möglicherweise handelt es sich um ein weißes Blatt Papier, möglicherweise um dessen Erweiterung als White Cube. In jedem Fall entsteht eine Form in einem Umraum, die sich durch **Länge** mal **Breite**, vielleicht auch **Tiefe** definiert. Der künstlerische Prozess ist abhängig vom eingebrachten **Kapital**, das alle Produktionsmittel von Geld über Material bis Werkzeug umfasst. Hier ist anzumerken, dass prekäre Verhältnisse die künstlerische Qualität, Leistung und Motivation nicht maßgeblich beeinflussen, umgekehrt aber positive Auswirkungen auf das Individuum feststellbar sind. Gesteigert wird der Gesamtprozess durch den **Faktor X**, eine unbestimmte Größe, den Zufall oder Unfall, gelegentlich spricht man in diesem Zusammenhang vom Genialischen oder vom Scheitern.

Im Möglichkeitsraum kann alles passieren oder nichts: Universen, Mikrokosmen, Ideen und Ideologien. Ein Papier kann zum Zentrum der Unendlichkeit werden. Ein Gedanke, ein Strich, ein Wort oder eine Geste – schon definiert sich etwas. Das weiße Blatt ist Leerstelle und Lücke, Freiraum und Zäsur, aber auch eine Hürde, ein Loch, vielleicht sogar ein Abgrund. Der „Horror Vacui" kann nur durch das agierende Individuum überwunden werden. Der Widersacher der Leere ist die Hand, die sie füllt und verändert. Ist erst einmal ein Punkt gesetzt, gibt es kein Zurück mehr, gestaltet sich etwas. Zwischen Hand und leerem Blatt manifestiert sich der Möglichkeitsraum der künstlerischen Freiheit als ein unendliches Abhängigkeitsverhältnis.

Abbildungsverzeichnis

Engl, Beate, 2014, Anything goes!
11-teilige Fotoserie
Leere Seiten auf verschiedenen Arbeitstischen
von Künstlerkolleginnen und -kollegen

- 1/11, RHI-Papier auf MDF
- 2/11, Druckerpapier auf Betoplan
- 3/11, Aquarellpapier auf Eiche
- 4/11, Pappe auf Metallblech, weiß lackiert
- 5/11, Zeichenpapier auf Schneidematte
- 6/11, Zeichenpapier auf Fichte
- 7/11, Skizzenpapier auf Aluminium, bearbeitet
- 8/11, Notizzettel auf HPL-beschichteter Platte, weiß
- 9/11, Recyclingpapier, braun auf Linoleum, grün
- 10/11, Satiniertes Zeichenpapier auf Nussbaumfurnier
- 11/11, Druckerpapier, gerissen auf HPL-beschichteter Platte, grau